DON BOSCO
VERLAG

4

Waltraud Herdtweck

Die Rhythmik Werkstatt

Von der Körper-
erfahrung zum
ganzheitlich-
kreativen Gestalten

Alle Spiel- und Gestaltungsvorschläge in diesem Buch wurden von der Autorin sorgfältig entwickelt und in der Praxis erprobt. Der Einsatz der vorgeschlagenen Materialien im pädagogischen Alltag kann ein gewisses Risiko beinhalten und bedarf besonderer Sorgfalt. Autorin und Verlag übernehmen keine Haftung für Schäden, die sich möglicherweise durch die Anwendung der hier dargestellten Ideen ergeben.

Bibliografische Information Der Deutschen Bibliothek

Die Deutsche Bibliothek verzeichnet diese Publikation in der Deutschen Nationalbibliografie; detaillierte bibliografische Daten sind im Internet über http://dnb.ddb.de abrufbar.

1. Auflage 2003 / ISBN 3-7698-1421-5
© 2003 Don Bosco Verlag, München
Umschlaggestaltung: Margret Russer
Umschlagfoto: Waltraud Herdtweck
Fotos: Waltraud Herdtweck, Reni Kneißl, Renate Frey-Winterer
Satz: undercover, Augsburg
Produktion: Don Bosco Grafischer Betrieb, Ensdorf

Gedruckt auf umweltfreundlichem Papier

Inhalt

Eine Werkstatt für experimentelle Wege

Eine Werkstatt bewahrt, wie der Name dies schon bezeichnet, Hand-Werkzeug und Materialien, die bearbeitet werden sollen. Häufig vermittelt sie, späht man zunächst einmal nur durch das Fenster hinein, dem Neugierigen etwas Geheimnisvolles, Wertvolles. Mit eigener Kraft und dem Geschick der Hände ist Geschaffenes zu erkennen. Beim Betreten weckt der Raum Neugier, Spannung, vielleicht ein wenig Scheu und Angst, aber gleichzeitig Lust auf Fremdartiges, Neues, noch nie Erlebtes. Es fordert durchaus Mut und Entschlussfreudigkeit, sich einzulassen und sich den handwerklichen Herausforderungen zu stellen. Ist das Material erst einmal gesichtet, das Werkzeug in der Hand, wachsen Staunen, Erwartung und Wissensdurst. Der Drang zum Anfassen, Ausprobieren, Erkunden, Entdecken, Erforschen, Ergründen, kurz: zum Lernen, siegt.
Ein Werkstatt-Buch voller Rhythmik, Kostbarkeiten zum Malen und bildhauerischen Gestalten, zum Geschichten-Erfinden und -Erzählen. In ihm verborgen sind Ton und Töne, Farben und Klänge, Sprache und Rhythmen, Bilder und nicht zuletzt Bewegung. Entstandene „Werkstücke" werden vorgestellt.
Das größte Geheimnis dieser Werkstatt sind ihre vielen Türen und Räume. Im Betrachten, Entdecken, Hantieren mit Inhalten, Methoden und Zielen öffnen, erweitern und vervielfältigen sich diese. Individuelle Bewegungsfreiräume und neue Denkstrukturen können sich in der Rhythmik-Werkstatt entwickeln, kreative Lösungen, Freude, Neugier und Lust in einem verantwortlichen Miteinander haben hier ihren Platz.

Spaß und Freude beim Ausprobieren und Experimentieren in der Rhythmik- und Gestaltungswerkstatt wünscht Ihnen

Waltraud Herdtweck

Mit Rhythmik kreativ

Geschichte der Rhythmik

Von der Rhythmischen Gymnastik zur Rhythmischen Erziehung

Musik ganzheitlich erleben. Musik in der Bewegung erleben, entdecken, erfahren und begreifen – das waren die Ziele des Schweizer Musikprofessors Emile Jaques-Dalcroze (1685–1950). Mit diesem Prinzip entwickelte Dalcroze für seine Studenten und Studentinnen eine pädagogische Arbeitsmethode zur Sensibilisierung der Sinne, zur Differenzierung des motorischen und emotionalen Bewegungsverhaltens. Musik und Bewegung als eine Einheit zu spüren, diese Einheit auszudrücken, darzustellen: Das war die Wiege der Rhythmisch-Musikalischen Erziehung – zu Dacrozes Zeiten als „Rhythmische Gymnastik" bezeichnet, heute kurz „Rhythmik" genannt.

Was Dalcroze in seinen Rhythmikkursen in der Bildungsanstalt Hellerau bei Dresden seit 1910 für Erwachsene angeboten hat, wurde von Mimi Scheiblauer (1891–1968), eine seiner Studentinnen in der Schweiz in die Heilpädagogische Praxis umgesetzt. Sie übertrug ihre eigenen Erfahrungen mit der Rhythmik in ihre Arbeit mit verhaltensauffälligen und behinderten Kindern. Scheiblauer erlebte die heilende Wirkung der Rhythmik, der Wechselbeziehung von *Musik, Sprache und Bewegung* für die Entwicklung der ihr anvertrauten Kinder.

In Deutschland war Elfriede Feudel (1881–1966) die Rhythmikerin, die Inhalte und Methoden der Rhythmik an den Musikhochschulen und Konservatorien auch über den Zweiten Weltkrieg trug und für die Weiterentwicklung in der Umsetzung der Methode kämpfte. Lieselotte Pistor und Gertrud Bünner, meine Professorinnen in Stuttgart, waren lebendige Zeuginnen dieser Geschichte: „Der Rhythmischen Arbeitsweise liegt keine Bindung an irgendwelche Erfahrungen oder Glaubenslehren zugrunde, sie beruht auf einfachen, jedem zugänglichen, jederzeit erlebbaren und nachprüfbaren, wenn auch ungewohnt körperlich-geistigen Wechselbeziehungen." (Feudel 1965: 15)

Die Wiege der Rhythmikwerkstatt

Meine persönliche Geschichte mit der Rhythmik und auch dieses Buch gründet in dieser „Wiege", in Hellerau bei Dresden. Dort haben Musiker, Rhythmiker, Tänzer, Dichter, Maler und Bildhauer zusammen gelebt, gearbeitet, sich ausgetauscht und ihre Erfahrungen miteinander verknüpft. Die Verwirklichung, die Verschmelzung aller Ausdrucksformen von Musik, Tanz, Bühnenbild, Schauspiel bündelte sich in den Rhythmischen Prinzipien Zeit, Kraft, Raum und Form.

Alle Ausdrucksformen eines jeden Kunstbereiches, ob Musik, Tanz, Dichtung, Malerei oder Bildhauerei sind rhythmisch geprägt. Ich behaupte: Rhythmus und Dynamik erreichen eine psycho-physische Sensibilisierung der Sinne. Dalcroze beschreibt den Vorgang so, „ … dass die schwingenden Töne der Musik im Körper, in den Geweben und im Nervensystem entsprechende Schwingungen auslösen, und der Körper sie sofort in plastische Gefühle umwandeln kann". Über die Atmung lässt sich der Einfluss von Rhythmus auch auf das vegetative Nervensystem erleben. Metrum und Tempo des Rhythmus übertragen sich auf Atmung und Pulsschlag und gleichen sich aneinander an.

Rhythmus kann der Motor kultureller Ausdrucksformen und Werte, und damit auch Träger von Bildungs- und Erziehungszielen sein. Wir leben jedoch heute in anderen Lebensrhythmen als Dalcroze in seiner Zeit. Unsere Kinder brauchen starke Persönlichkeiten, die sie gegen die Manipulationen von außen schützen. Dies fordert uns heraus, neue Lern- und Erfahrungsrhythmen zu finden, die Erziehung integrativ ins Leben koppeln.

Wir können das Erbe Dalcroze in die Förderung unserer Kinder einbeziehen, sie als Grundlage verstehen. Der Zusammenhang von *Greifen und Begreifen* oder von *Erleben, Erkennen, Benennen* ist derselbe geblieben. In der Methode gilt es, zeitgemäße pädagogische Innovationen zu finden! Ein außerordentliches Maß an Kreativität, Flexibilität, Sensibilität, Querdenken und Verantwortlichkeitsbewusstsein ist für diese global gewordene Welt erforderlich!

Ich schließe diesen Einblick in die Geschichte der Rhythmik mit einem Zitat von Elfriede Feudel, das für mich heute, nach mehr als einem halben Jahrhundert, immer noch Gültigkeit und Aufforderungscharakter besitzt: „Das tiefste Wesen der Erziehung besteht im Glauben an die Zukunft und im Einsatz für die Jugend. Die Idee der Rhythmischen Erziehung wird trotz aller Hemmungen Wurzel fassen und eines Tages an irgendeiner Stelle wie ein Samenkorn aufgehen. Denn Wahrheiten, die einmal im Leben eines Menschen lebendig geworden sind, können nicht mehr ganz untergehen." (Feudel 1965: 15)

Ziele, Inhalte und Methoden der Rhythmik

Spätestens mit Beginn des 21. Jahrhunderts ist in unserer Gesellschaft das Bewusstsein für Werte und Tugenden, die sowohl dem Einzelnen als auch der Allgemeinheit dienen, wieder stärker geworden. Begriffe wie Tugend und Moral waren vielerorts negativ besetzt. Das hängt mit unserer Geschichte

zusammen. Tugenden sind jedoch moderner denn je: Toleranz, Gerechtigkeit, Solidarität usw. sind Werte, die wir dringend brauchen, um die Probleme unserer Zeit zu lösen. Eine Gesellschaft, die den Erfolg des Einzelnen auf Kosten vieler anderer aufbaut, kann den Anforderungen unseres neuen Zeitalters nicht genügen. Lebensräume und Aufgaben umfassen nicht mehr nur unser kleines Deutschland. Sie erreichen über Europa die ganze Welt und fordern eine globale Mitverantwortung für fünf Kontinente. Die Flaute von Wirtschafts- und Sozialstaat erfordert gemeinsames Handeln, welches vom Einzelnen höchsten Mut und kreative Intelligenz fordert sowie soziale Kompetenz, Bereitschaft zu ungewohnten, flexiblen Lebensrhythmen und persönliches Engagement voraussetzt. Wir können dies nur leisten, wenn wir uns und unsere Kinder in diesen Fähigkeiten fördern. Es gilt, die Menschen in ihrem Selbstbewusstsein zu stärken, zu begleiten, damit sie „in sich selbst ruhen" und „aus sich selbst heraus" Kraft und Mut für die täglichen Aufgaben schöpfen können. Bildung heißt demnach ganzheitliche Persönlichkeitsförderung des Menschen zu selbstbewussten Individuen mit sozialer Kompetenz. Voraussetzung für jedes Lernen ist eine vertrauensvolle, partnerschaftliche, kreative Atmosphäre. Nur in einem stressfreien, aber zugleich motivierenden Umfeld können Fantasie, Individualität, Originalität, Mut zum Querdenken und Solidarität entstehen und weiterentwickelt werden.

Pädagogisches Arbeitsprinzip zur ganzheitlichen Persönlichkeitsförderung

Wie uns die Entwicklungsgeschichte der Rhythmik zeigt, fördert sie den Menschen in seiner gesamten Persönlichkeit. Durch ihre Methoden erreicht sie nicht nur die Ziele, die beim herkömmlichen Frontalunterricht in Kindergarten, Schule und Weiterbildung überwiegend im kognitiven Bereich liegen. Die ganzheitliche Förderung des Menschen bedeutet eine Abkehr von der Haltung, dem

Gegenüber etwas beibringen zu wollen. Sie beinhaltet vielmehr das gemeinsames Erforschen, Erkunden und Entdecken der Welt in Bewegung, Handeln und Denken. Er-Greifen und Be-Greifen sind Grundlagen allen Denkens und Handelns. Dies geschieht im individuellen Rhythmus von *Bewegung und Ruhe*, von *Ich und Du*, von *Loslassen und Zupacken*, von *logischem und spontanem Handeln*. Über positive Erlebnisse erfährt der Mensch in der Rhythmik Sicherheit und Selbstkompetenz. Er erlebt Solidarität in der Gruppe und entdeckt, dass er ungewöhnliche Lösungen für Problemsituationen finden kann. Dies ist die Voraussetzung, um Konflikte in Familie, Schule, Freizeit und Beruf gewaltfrei und zum Wohle der Gemeinschaft zu lösen. Ein selbstsicherer, kreativer und kommunikativer Mensch ist eher bereit und fähig zu solidarischen Beziehungen, zu Mut und entschlossenem Handeln in Konfliktsituationen als ein Mensch, der aufgrund von Angst, mangelnder Sensibilität und Minderwertigkeitsgefühlen sein Versagen in Aggression und Macht umwandelt.

„Du musst dich einpendeln!"

Das waren die Worte des leider zu früh verstorbenen Clowns Chiko aus der Schweiz, bevor er die Menschen im Zirkus mit seinen Späßen auf die Leiter des Lächelns führte. Noch hinter dem großen Vorhang nahm er ein Maurerpendel in die Hand, ließ es kreisen oder pendeln, schaute zu, spürte nach, bis es zur Ruhe gekommen war. Fühlte er sich noch nicht ganz ruhig, wiederholte er den Vorgang so lange, bis er *seine Mitte* gefunden hatte. Er hat sich eingependelt. Jetzt konnte die Arbeit in der Manege beginnen: „Vorhang auf!"
Die beste Methode des Einpendelns, die ich kenne, ist die Rhythmik. Sie lebt, wie schon beschrieben, vom Wechselspiel zwischen *Musik, Bewegung und Sprache*. Alle drei Elemente geben dem Menschen die Chance, mit Leib, Seele und Geist – heute nennen wir das „Ganzheitliche Persönlichkeit" – zu seiner individuellen schöpferischen Kraft zu finden. Jede Rhythmikstunde beginnt mit Bewegung zu Musik: Einpendeln in den Körper durch das Metrum der Musik, in die jeweilige Situation der Gruppe, in den Raum.
Auch mein Kirchenchor beginnt so seine Übungsstunden. Die Menschen, gleich welchen Alters, finden in der Bewegung zu Musik Abstand zu dem vorher Erlebten, kommen in Raum und gegenwärtiger Situation an. Der Pulsschlag der Musik schafft Orientierung zur Bewegung, zum Atmen. Dadurch gleicht sich der Körperpuls dem Tempo der Bewegung an. Es kommt zu einem „guten Körpergefühl". Das Gleichmaß des Musikmetrums und der Körper-Bewegung führt zur Entspannung, baut Aggressionen und Ängste ab. In dieser Atmosphäre wird Kreativität mobilisiert, sie lässt uns wach und neugierig werden. Die Gruppe bietet einerseits Schutz zur Individualität, sie ermöglicht andererseits Kommunikation und Beziehungen.

Chancen der Rhythmik

Die Arbeitsmethode Rhythmik bietet die Chance:
- ein Lernangebot in einer kulturell angemessenen Umgebung zu schaffen, welches Lust, Neugierde, Interesse, Wissbegierde, Freude in körperlichen, seelischen und geistigen Bereichen schafft und Verknüpfungen eigener, konkreter Erfahrungen zulässt;
- die Sensibilität in allen Bereichen der Wahrnehmung und des Erkennens zu steigern, zu steuern und damit die Intelligenz zu fördern;
- mit Reizen durch Musik und Materialien die Bewegungsfreudigkeit und -fähigkeit zu forcieren und zu koordinieren;
- durch Gegenpole von Bewegung und Ruhe, Spannung und Entspannung ins Gleichgewicht zu kommen und somit Konzentrationsfähigkeit und Ausdauer zu steigern;
- durch experimentierendes Handeln Offenheit für neue Möglichkeiten, für Grenzüberschreitungen, für unkonventionelles Lösen von Problemen zu schaffen und damit im Menschen etwas in Bewegung zu setzen;
- Denkstrukturen zu erleben, zu erkennen und gezielt weiterzuentwickeln;
- durch Sehen, Hören, Formulieren und Selbst-Tun Wissen zu speichern;
- Orientierung in Raum und Zeit durch Metrum, Takt, Phrasierung und Rhythmus in psychophysischen Bereichen zu erspüren und den eigenen Rhythmus und Standpunkt zu erfassen;
- im Zusammenspiel verbale und nonverbale Kommunikations- und Kooperationsfähigkeit zu entdecken und einzusetzen;
- Spontaneität und Flexibilität, Solidarität, Verantwortungsgefühl und Toleranz in der Auseinandersetzung mit Menschen und Dingen zu entwickeln;
- im Sammeln von Erfahrungen Beziehungen zu Menschen und Dingen aufzubauen, zu vertiefen und dabei das eigene Selbstbewusstsein zu stärken.

Das Wechselspiel zwischen Musik, Bewegung und Sprache

„Der Rhythmisch-Kreative Ansatz ist Unterstützung einer ganzheitlichen Persönlichkeitsentwicklung auf der Basis von Musik und Bewegung. Bewusste Wahrnehmung, sensomotorische Förderung, nonverbale Kommunikationsformen, das Moment des Spielerischen kennzeichnen dieses Erziehungsprinzip. Ausgangspunkt dabei ist nie die vorgegebene Norm, gleich welcher Art, sondern die individuelle Persönlichkeit im Hier und Jetzt." (Edleditsch 1998: 14) Die kreative Atmosphäre wird durch Bewegung zu Musik erreicht. In den Bewegungsphasen, welche so oft wie möglich zwischen den Aufgaben eingeschoben werden, werden Bewegungsmangel, Aggressionen, Belastungen, Unsicherheit und Angst abgebaut. Ein gutes Körpergefühl, Selbstsicherheit

und Eigenständigkeit fördert die Bereitschaft, sich der nächsten Aufgabe zu stellen. Durch den spielerisch-experimentellen Ansatz öffnet sich der Mensch auch neuen, ungewohnten Anforderungen und erweitert somit seinen Erfahrungsschatz im Bereich der Wahrnehmung, der Entdeckung seiner körperlichen Fähigkeiten, des Denkens, seines sozialen Verhaltens. Über den Weg *Erleben, Erkennen, Benennen* speichert der Mensch seine Erfahrungen als Wissen ab. Er ist „um eine Erfahrung reicher". Aus diesem Grund ist es in der Rhythmik wichtig, die Teilnehmer/innen zu motivieren, ihre Erlebnisse, Entdeckungen und auch ihre Gefühle mit eigenen Worten zu beschreiben.

Polarität und rhythmischer Ausgleich
„Es sind drei Gesetze, die, alle miteinander zusammenhängend, das innere Leben einer Rhythmikstunde bestimmen:
1. das Gesetz der Polarität
2. das Gesetz der fördernden Wechselwirkung
3. das Gesetz des rhythmischen Ausgleichs" (Feudel 1965: 15)
Rhythmik lebt in ihren Zielen, Inhalten und Methoden von Gegensätzen wie: Bewegung – Ruhe, Spannung – Entspannung, laut – leise, schnell – langsam, hell – dunkel, stark – schwach, hoch – tief, oben – unten, alleine – zusammen, angeleitet – eigenständig, expressiv – introvertiert usw.

Bewegung bewegt den Körper, den Verstand und die Gefühle. In den Gegenpolen der Bewegung werden Spannung und Entspannung zu Erfahrungen, die sich als Erlebnisse manifestieren und wiederum Gefühle verursachen. In der zeitlichen Strukturierung durch die Musik in Metrum, Takt und Rhythmus findet der Mensch in die Balance. Bilder, Worte, Geschichten, Vorstellungen, Fantasien können entstehen. Eindrücke sammeln sich und bleiben haften. Der Wunsch, sie zum Ausdruck zu bringen, entsteht. Ausdrücken bedeutet, Etwas aus sich heraus-drücken. Dies kann wiederum in Bewegung, Sprache, Musik geschehen.

Von der Körpererfahrung zum ganzheitlich-kreativen Gestalten

Ziele und Wert der Rhythmik heute

Das Buch „Die Rhythmikwerkstatt" verdankt sein Entstehen meiner persönlichen Begeisterung und Überzeugung von der Sache. Die Wechselbeziehung von Musik und Bewegung in Körpererfahrung und Ausdruck, Rhythmus und Klang in der Sprache, das Experimentieren mit unterschiedlichsten Materialien faszinieren mich und kennzeichnen die Rhythmische Erziehung. Differenzierung der Wahrnehmung, die Förderung der Beweglichkeit von Körper, Geist und Seele, ganzheitliche Bildungschancen und persönlichkeitsstärkende Methoden sind Qualitätsmerkmale der Rhythmik, die Kinder und Erwachene ganzheitlich wachsen lässt. Der viel bemühte Begriff der „Ganzheitlichkeit" beinhaltet für mich neben einer komplexen und umfassenden Förderung, dass auch Lücken, Fehler, Unvollkommenheit und Ängste zugestanden werden. „Wer noch nie einen Fehler gemacht hat, hat sich noch nie an etwas Neuem versucht", sagte Albert Einstein.
Rhythmik trägt in allen Altersstufen wesentlich zur Förderung der emotionalen Intelligenz bei, wie sie in der neuesten Forschung der Pädagogischen Psychologie beschrieben ist (Golemann 2001). Die Differenzierung der Wahrnehmung als Basis aller Entwicklung ist die wesentliche Grundlage der Rhythmik. Wissen in naturwissenschaftlichen wie auch in musischen und psychosozialen Bereichen wird spielerisch vermittelt. Damit überschreitet die Rhythmik in ihrer heutigen Entwicklung die Zieldefinition vergangener Zeiten.

Weiterentwicklung der Rhythmischen Erziehung zur kreativen Gestaltung

Die Weiterentwicklung der Rhythmischen Erziehung zu verwandten Gestaltungsbereichen wie Malen, Tonen, Modellieren, das Bearbeiten von Ytongklötzen und andere Gestaltungsideen, wie sie in diesem Buch vorgestellt werden, mag für manchen überraschend oder irritierend sein. Ist das überhaupt noch Rhythmik? Ich behaupte: ja! Zunächst gaben persönliche Erlebnisse mit dieser aufbauenden Methode den Ausschlag zu diesem Buch. Rhythmikerfahrungen wirken in mir. Sie prägen meine Lebensneugier und innovatives Handeln. Sie beeinflussen meine pädagogischen Wege in den vielfältigen beruflichen Aufgaben sowie meine Leidenschaft für Bewegung zu und in Musik und für bildnerisches Gestalten.

Eine neue Methode entwickelt sich

Es begann damit, dass ich vor langer Zeit in einer Wüste Jordaniens Musik in den Sand malte. Später entwickeln sich daraus farbige „Zeugnisse" auf Papier. Melodien, Rhythmus und Dynamik unterschiedlicher Musikarten drängen über die Bewegung der Hände Töne in Ton. Der Körper streicht, schiebt, drückt auditive Erlebnisse in das keramische Material. Skulpturen entstehen, ohne dass zuvor eine feste Vorstellung von dem zu schaffenden Objekt vorhanden ist. Nicht notwendig ist für mich dabei, die in dem kreativen Prozess entstandenen Produkte anschließend zu bewerten oder zu erhalten. Das intensive Wahrnehmen und Handeln ist eine Form der Meditation, ein „Sich intensiv mit einer Sache und sich selbst Beschäftigen". Die Musik lässt dem Kopf, dem Körper und der Seele Zeit und Raum, durch ihre Impulse schlummernde Bilder, Fantasien und auch Ängste zum Ausdruck zu bringen.

Meine Erlebnisse beim bildnerischen Gestalten förderten die Erkenntnis, dass Rhythmik mehr ist als eine Unterrichtsmethode zur Bewegungserziehung und zur musikalischen Elementarerfahrung, dass sie vielmehr auch kreative Gestaltungsprozesse einschließt. Diese Erkenntnis beeinflusste wiederum meine pädagogische Arbeit entscheidend. Denn für Projekte mit Kindern und Jugendlichen ebenso wie für Seminare mit Erwachsenen ergeben sich durch diesen innovativen Weg *Von der Körpererfahrung zum ganzheitlich-kreativen Gestalten* faszinierende Chancen einer umfassenden Persönlichkeitsbildung. Rhythmik, wie sie hier verstanden wird, legt daher lernmethodische Konsequenzen in vielen Arbeitsbereichen nahe. Inhalte und methodisches Vorgehen dieses neuen Arbeitsprinzips lassen sich sowohl in unterschiedliche Themenkomplexe und Projekte von Kindertageseinrichtungen übertragen, wie auch in Heimen, Bildungsstätten und anderen Einrichtungen anwenden.

Rhythmik und kreatives Gestalten initiieren Bildungsprozesse

Heute wird vielfach diskutiert, wie Menschen eigentlich lernen und sich Bildung aneignen. Die Antwort dieses Buches ist: Die Verknüpfung von traditioneller Rhythmikarbeit und ihrer Weiterentwicklung zu bildnerischem Gestalten in verwandten kreativen Bereichen setzt Bildungs- und Selbstbildungsprozesse in Gang. Am Beispiel Malen zu Musik wird das besonders deutlich: Der ganze Körper malt zu Musik mit farbigen Bändern, Tüchern, Seilen bunte Farben in den Raum. Im experimentellen Spiel mit dem Material wachsen Neugier und Faszination für Sachzusammenhänge. Daraus entstehen Erkenntnisse und Wissen. Beim Hantieren mit schweren, bollernd über den Boden rollenden Nudelhölzern werden Körpererfahrung und Wahrnehmung gezielt und differenziert in Bewegungen umgesetzt, ebenso beim Werken mit Ton, mit Modelliermasse aus Sägemehl oder mit Bausteinen aus Porenbeton. Der experimentierende Umgang mit Tüchern, Glassteinen, Kinderstühlen, Holzklötzen, Nudelhölzern und anderen Materialien sowie die Bewegung und der Rhythmus der Musik lassen die Motivation zum ganzheitlich-kreativen Sichtbarmachen der erlebten Erfahrungen wachsen. Aus diesen Handlungsimpulsen entstehen eigenständige, nicht an einem gezielten Ergebnis orientierte, künstlerische Objekte. Nicht eine konkrete Leistung ist gefragt – Musik und Bewegung übernehmen zusammen mit den Emotionen die Führung im Gestalten. Ein Wechselspiel von Wahrnehmen und Handeln bestimmt den Verlauf.

Chancen des kreativen Gestaltens zu Musik:

- Das aus der Rhythmischen Arbeit heraus entwickelte kreative Gestalten zu Musik schafft einen Raum für Neugierde, Ausprobieren, Entdecken und Erleben, für Vertrauen und Mut, „um die Ecke Denken" und Fehler machen dürfen.
- Kreatives Gestalten zu Musik bietet eine Atmosphäre zum schöpferischen Tätigwerden ohne Ergebnisorientierung und Leistungserwartungen.
- Es ermöglicht vielfältige Musikerlebnisse.
- Malen wir Musik mit Materialien „in den Raum", vertiefen wir Erfahrungen in der Bewegung des Denkens, Fühlens und Handelns.
- Freie Bewegung zu Musik führt zur Entspannung und innerern Balance.
- Kreatives Gestalten ermöglicht ungewöhnliche Materialerfahrungen.
- Behutsame Impulse des Erwachsenen zum Umgang mit Materialien und Werkzeugen (z. B. den Ton kann man streichen, streicheln, eindrücken, zusammendrücken, schieben, drehen, verdrehen, herausziehen, umdrehen) geben Unterstützung in handwerklichen Techniken und stärken die Motivation.
- Das Arbeiten in kleinen Teilschritten motiviert beim Malen zu Musik immer wieder neu zum weiteren Gestalten und lässt den kleinen Erlebnissen mehr Raum (z. B. mit geschlossenen Augen und beiden Händen ohne Farben auf dem Papier malen – mit Kleister allein malen – mit einer oder zwei Farben, später mit mehreren Farben malen – mit verschieden farbigen Kreiden das vorher Entstandene übermalen).
- Das Beschreiben des eigenen Tuns hebt den Schaffens- und Erlebnisvorgang ins Bewusstsein, fördert die Beziehung zur Sache, zu Partnern und zur Gruppe. Verbalisieren fördert die Sprachkultur, Wissen und Intelligenz.

Rhythmik und kreatives Gestalten fördern die Emotionale Intelligenz

Lebenskompetenz braucht einen reichen Schatz an Erfahrungen in allen Bereichen. Sie basiert auf Selbstbewusstsein durch erfahrenes Wissen, auf Kreativität und Solidarität, auf der Wiedervereinigung von Herz und Verstand. Kinder, Jugendliche *und* Erwachsene sind von ihrer Anlage her neugierig, wollen entdecken, ausprobieren, erkunden, Begriffe durch Begreifen sammeln, und dies auf ihre Weise kundtun. Eindrücke wollen verarbeitet und ausgedrückt werden, um Beziehungen zu Menschen und Dingen zu schaffen und zu vertiefen. Sich–Bewegen schließt Bewegung im Denken, Wissen und Fühlen ein und sucht die Kommunikation mit anderen. Rhythmik und ein sich daraus entwickelndes Werken und Gestalten kann zum *persönlichen* Identitätspotenzial, zu einer Haltung, zu einem Lebensprinzip werden, das auf die Emotionale Intelligenz des ganzen Menschen wirkt. Selbstwahrnehmung und Empathie, Kommunikation und soziales Miteinander, Konfliktbereitschaft und Selbstsicherheit werden ebenso gefördert wie Kreativität, Ausdauer und Konzentration, verknüpfendes Denken und Wissen.

Einsatzmöglichkeiten in allen pädagogischen Arbeitsfeldern

Pädagog/innen im Elementar- und Sekundarbereich erkennen die Chancen, diese Methoden in die Themen- und Projektarbeit in Kindertageseinrichtungen, Grund- und Hauptschulen sowie in der Heil- und Freizeitpädagogik zu integrieren, um damit eine ganzheitliche Bildung zu fördern.
Unser ethisch-kultureller und pädagogischer Auftrag ist, die uns begleitenden oder anvertrauten Menschen in ihren Fähigkeiten zu bestärken, Entwicklungswege von Kindern, Jugendlichen und Erwachsenen zu erraten, ihre Identitätsentwicklung partnerschaftlich zu begleiten und sie zu einem sozialen, friedvollen, verantwortlichen Miteinander zu unterstützen. Mögliche Wege dahin vermittelt „Die Rhythmikwerkstatt – Von der Körpererfahrung zum ganzheitlich-kreativen Gestalten".

Manche Beispiele in diesem Buch stammen aus der Arbeit mit Erwachsenen, pädagogischen Mitarbeiter/innen in Kindertageseinrichtungen oder Eltern, Menschen also, die sich bei Seminaren, auf Fortbildungen oder an Elternabenden mit Rhythmik auseinander setzten. Inhalte und Methoden dieser Rhythmikeinheiten sind übertragbar und ebenso gut mit Kindern und Jugendlichen aller Altersstufen durchzuführen, wie die Fotos von Kindern und Erwachsenen in Aktion zeigen.

Der ganze Körper schwingt

Seidentücher malen Farben in den Raum

Das Material

Seidentücher spiegeln Lebendigkeit in Farbe und Bewegung wider. Licht und Schatten verwandelt einfarbige Stoffe in vielfarbiges, märchenhaft wirkendes Material. Glanz verstärkt den Zauber. Durch Druck entstandene Knicke ergeben reizvolle Strukturen, lassen belebende Linien, Flächen und Formen entstehen. Im Gegenlicht ziehen neue Reize die Blicke an. Durchscheinend und wiederum dicht wechselt das Spiel der Fasern, verwandelt die Umgebung hellgelb, zart-blau oder pink-rosa.

Bemüht, das Tuch ganz still zu halten, wird der leiseste Lufthauch zum Anstoß. Das reizt zum Blasen, und schon entwickeln sich fließende Bewegungen. Wellen charakterisieren die Bewegungen mit dem Tuch. Rund und weich geht die Bewegung aus dem Material in den Körper und spiegelt sich in der Motorik wider. In der Umkehrung übernimmt das Tuch fließend, was der Körper an kleinsten Anstößen aussendet.

Musik als ordnendes Spielprinzip

Leider haben wir Erwachsene lange gelernt, nur mit dem Kopf zu hören. Ist es für Kinder noch selbstverständlich, sich beim Hören von Musik spontan zu bewegen, sind wir gehemmt und vermeiden es. Musik ist für uns Menschen gleichsam die Ordnung in der Bewegung, wie Platon es ausdrückt (Edleditsch 1998: 11). Für Erwachsene wie auch Kinder erhält das Material, in diesem Fall die Tücher, eine Mittlerfunktion zwischen uns und der die Bewegung gliedernden Musik. Im Zusammenspiel von Musik – Bewegung – Material entsteht ein sensomotorischer Ablauf, ein Prozess, der Kopf, Seele und Geist gleichzeitig und gleich stark anspricht. Musik berührt uns, wir nehmen sie auf, ihr Rhythmus und Klang fließt durch die Wahrnehmung in uns hinein. Wir geben sie als Bewegungsimpuls weiter in das Material. Das Material wiederum gibt in seinen Eigenschaften erneut Anstöße an uns zurück. Wir ordnen diese Anstöße in die Bewegung, in die Musik.

Der Zauberkreis des Wechselspiels trägt dieses experimentelle Tun. In diesem Kreislauf ist der Spieler autonom und trotzdem getragen, geführt in einem ästhetisch-kreativen Handeln. Im seelischen Befinden stärken sich Mut und Freude durch Faszination und zweckfreies Ausprobieren. Der körperliche Zustand gleicht sich in Atmung und Kreislauf dem Wechselwirken an. Der Geist erhält durch Musik, Bewegung und Material immer neue Impulse und Reize zu neuen Entdeckungen.

Musikauswahl

Bei der Musikauswahl können wir uns an den Eigenschaften der Seidentücher orientieren, die weich, glänzend, fließend, durchscheinend, rund, zart, eigenständig und beweglich sind. Musik solchen Charakters finden Sie in allen Sparten der Klassik, der Popmusik, der Folklore, der Meditationsmusik. Ein Metrum als Basis, ein gleich bleibender Pulsschlag in der Musik, motiviert die Füße zum Gehen zu Musik. So kann das Spiel mit dem Seidentuch im ganzen Raum erfolgen. Klang und Melodie schaffen mit dem Tuch die Impulse, den ganzen Raum in Höhe und Weite zu erfassen.

„Suche dir mit den Augen ein Tuch aus!" (Austeilspiel)

- 👁 Doppelt so viele Seidentücher wie Teilnehmer/innen liegen verstreut in der Mitte unseres Kreises. Wir betrachten die bunte Vielfalt. „Suche Dir mit deinen Augen ein Tuch aus!", lautet der Impuls. „Hast Du Dich entschieden? Ja? Dann suche dir jetzt noch ein zweites Seidentuch aus." Danach vergrößern wir den Kreis, um den nun folgenden Impuls vorzubereiten.
- 👁 „Du kannst Dir nachher eines deiner Tücher holen – aber es geht immer nur einer von euch zur Mitte. Erst wenn dieser wieder an seinem Platz steht, geht der Nächste und holt sich ein Tuch."
  Erste Anspannung und Schwierigkeit: Die Reihenfolge ist nicht festgelegt. So muss jede/r selbst ihre/seine Entscheidung treffen, wann sie/er ihr/sein Tuch holen will und kann. Beobachten, Reagieren, Sich-Entschließen, Sich-Zurücknehmen, Abwarten, eine Entscheidung treffen: All diese lebensnotwendigen Verhaltensweisen sind gefordert.

Methodische Hinweise

Regel- und Wettbewerbspiele fallen bekanntlich dem Vorschulkind (und auch manchem Erwachsenen!) schwer, da sie sowohl Erfolg, Stolz und Freude als auch mitunter heftige affektive Reaktionen wie Angst, Frustration und Misserfolg auslösen können. Wettbewerb und Spielvollzug mit dem Partner oder der Gruppe können nach Schenk-Danzinger (1973: 102) noch nicht miteinander

kombiniert werden. Dennoch lassen sich in der Praxis deutliche Bemühungen, ja, sogar Begeisterung bei Vorschulkindern, Jugendlichen und Erwachsenen erkennen. Der Anreiz, der vom Seidentuch ausgeht, motiviert zu möglichen Erfolgserlebnissen. Das Angebot einer Alternativlösung stärkt den Mut, zum Ziel zu gelangen. In einer Kindergartengruppe kennt die Erzieherin in der Regel ihre Kinder, die stets als Erste zur Mitte gehen. Auch weiß sie um die Ängste derer, die immer als Letzte übrig bleiben. Dies zu beobachten und zu registrieren ist die Grundlage für nun sensibel einzusetzende, erzieherische Hilfen für das einzelne Kind. In einer Seminargruppe mit Erwachsenen sind die Verhaltensanforderungen nicht anders und weisen so manches Mal auf Konflikte hin. Bisweilen ist es ein pädagogischer Drahtseilakt, die sich durchsetzen wollenden Menschen zum Abwarten zu bewegen, andrerseits den Schüchternen Mut und Entschlusskraft zu vermitteln. Geht die Seminarleiterin oder Kindergärtnerin selbst mit Humor in diese Situation, überträgt sich das auf die Teilnehmer/innen. Spaß und Freude herrschen vor hartem Ellbogenkampf. Ebenso kommt hier ein erzieherisches Mittel zu Hilfe: das Prinzip der Wiederholung. Diese „Übung" kann auf viele andere Materialien übertragen werden.

In der immer wiederkehrenden Spielform machen sich die Teilnehmer mit der Regel vertraut, kennen den Ablauf, können Beginn und Endsituation besser abschätzen. Das lässt mehr und mehr Mut und Selbstvertrauen wachsen, schnell einen Entschluss zu fassen: Jetzt probiere ich es auch! Über das erfolgreiche Sich-Durchsetzen, aber auch das Sich-Zurücknehmen-Lernen erweitert sich das soziokulturelle Verhaltensrepertoire der Teilnehmer/innen. Denn im Alltag werden Entschlussfreudigkeit, Reaktionsvermögen, Kooperationsfähigkeit, Sozialverhalten, das Suchen und Sich-Einlassen auf Alternativlösungen und vieles mehr gefordert. Weiter haben wir zu lernen, mit Misserfolgen, Verzicht, Versagen, Versäumen und anderen Negativerlebnissen zurechtzukommen.

„Lass dein Tuch zur Musik tanzen! – Male mit dem Tuch die Musik in den Raum!"

Das Rhythmische Arbeitsprinzip lebt von Gegensätzen. Bewegung und Ruhe, Spannung und Entspannung schaffen in ihren Polen neue Spielsituationen. Loslassen und Sich-Einbringen, Aufnehmen und Wiedergeben, alleine, im Partner- oder Gruppenspiel, ermöglichen neue Ansätze im Erleben und Entdecken.

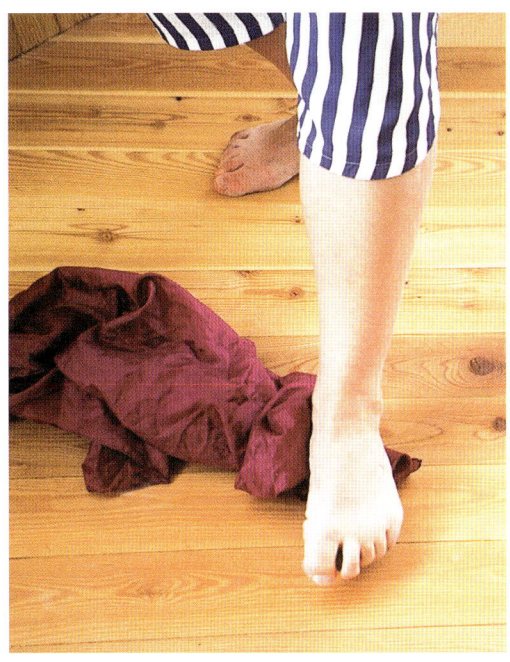

Jirina Prekop schreibt in ihrem Buch *Von der Liebe, die Halt gibt:* „Alles Geschaffene besteht aus Gegensätzen. Jeder der beiden Pole eines Gegensatzes muss eindeutig ausgestaltet sein. Unter der Auseinandersetzung strömt die Lebensenergie. Diesem Gegensatz von der Polarität ist jede irdische Energieform unterworfen." (Prekop 2000: 137)

Bevor die Bewegung zur Musik beginnt, ist ein Moment der abwartenden Ruhe und Konzentration wichtig. Aus dieser Stille, dem Stillstand, kommen wir in die Bewegung zur Musik.

Beginn mit unterschiedlichen Ausgangspositionen

- Das Tuch mit beiden Händen ausgebreitet ganz ruhig vor dem Körper halten
- Das Tuch vor dem Gesicht zum Durchschauen spannen
- Das Tuch über den Kopf legen und spüren, beim langsamen Herunterziehen verstärkt wahrnehmen
- Das Tuch auf dem Fußboden ausbreiten und bei Musikbeginn die akustischen Wellen von verschiedenen Seiten in das Seidentuch fließen lassen
- Das Tuch über einen Arm, die Hand hängen
- Das Tuch an einer Spitze fassen
- Das Tuch in der Mitte halten

Die lebendige Farbe im Raum kehrt in uns zurück

Das Hören und Erleben der nun beginnenden Musik muss nicht im passiven Aufnehmen verweilen. In wechselnden Impulsen der Elemente Musik – Bewegung – Material beginnt nun ein Zusammenwirken von Hören – Spüren – Ausdrücken. Der Klang der Musik geht „unter die Haut", ihr Rhythmus und ihre Dynamik „ins Blut". Wie eine Art Bestätigung der Empfindungen schickt das Tuch die ausgesendeten Impulse als raumfüllende oder sparsame Bewegung in die Motorik zurück. Das Material als Mittler in den Händen bewegt sich geschmeidig, anmutig und frei. Durch verstärktes Atmen werden Kreislauf und vegetatives Nervensystem beteiligt. Das Beobachten und Entdecken der faszinierenden Lebendigkeit des Seidentuches erzeugt Empfindungen von Lust und Freude.

„Ich habe mich noch nie so öffnen können", sagen Erwachsene. „Das ist schön, noch mal!", kommentieren Kinder strahlend. Ruhig und bewegt, hell und dunkel, schwach und stark, heiter und melancholisch werden Musik und Bewegung als ganzheitliche Körpererfahrung wahrgenommen.

Rollenbilder und Leistungsansprüche

Es kann vorkommen, dass Buben oder männliche Seminarteilnehmer das Spiel mit dem Tuch zunächst als „Weiberkram" abtun, mit dem sich nur Mädchen beschäftigen. Mädchen oder Frauen dagegen haben manchmal vom Ballett beeinflusste, versteckte Leistungsansprüche an ihre tänzerische Darbietung. Durch die Aufgabenstellung „Lass Dein Tuch zur Musik tanzen!" (nicht das Kind oder der Erwachsene soll tanzen!) wird die Aufmerksamkeit auf das Seidentuch gelenkt. So kann sich jede/r Bewegende/r frei von Leistungszwang fühlen. Sachliche Impulse wie z. B. „Lass dein Tuch die Musik in den Raum malen – dein Tuch tanzt so hoch, so weit, so lebendig als möglich" können Vorurteile und hinderliche Erwartungen mindern.

Impulse zur Differenzierung in der Wiederholung des Ablaufs

- Es gibt verschiedene Möglichkeiten, das Tuch zu halten, zu tragen: mit einer oder beiden Händen, nur mit zwei Fingern, über der Hand oder dem Arm, auf der Schulter liegend.
- Es gibt mehrere Arten, das Tuch schweben, fliegen, tanzen zu lassen.
- Es gilt, die Weite des Raumes mit dem Tuch „auszumalen".
- Es gilt, die Höhe des Raumes mit dem Tuch „farbig werden zu lassen".
- Dein Tuch trifft ein anderes Tuch und sie tanzen eine Weile zusammen.
- Mehrere Tücher treffen sich und spielen zusammen zur Musik.

Pausen sind schöpferische Zeiten für bewusstes Wahrnehmen und Verbalisieren

In den Zwischenpausen ist Zeit zum Innehalten, Nachspüren, Beschreiben der Entdeckungen und Erlebnisse. Beobachtungen werden formuliert. Alles, was nun in Worten ausgesprochen wird, kann im Bewusstsein gespeichert werden. Erlebtes mit eigenen Worten zu definieren wird zum Begreifen. Wissen und Denken vervielfältigen sich durch die Erfahrung. Ein Glücksgefühl, das beschrieben ist, dauert nicht nur einen Augenblick.

Das Seidentuch ist im experimentellen Spiel in seinen Eigenschaften vertraut geworden. In einer gezielten Wahrnehmungsphase lassen sich in strukturierten methodischen Schritten charakteristische Merkmale und Besonderheiten herausarbeiten. Beim Verbalisieren der entdeckten und erlebten Eigenschaften wird eine Beziehung zum Material und zur Gruppe aufgebaut:

- Das einfarbige Tuch in seiner Vielfarbigkeit durch Lichteinflüsse
- Der Glanz der Oberfläche
- Die Struktur im Gewebe des Tuches, einzelne Fasern
- Transparenz und Dichte des Tuches
- Die Begrenzung durch den eingerollten Rand; die Länge kann mit offenen und geschlossenen Augen er-fasst, gemessen werden.
- Das Tuch ist weich, warm, kühl, leicht an oder auf verschiedenen Körperteilen.
- Durch Rascheln, Reiben, Schlagen, Knallen, Stramm ziehen usw. lassen sich unterschiedliche Geräusche erzeugen.
- Sich selbst mit dem Tuch zudecken, an der Stelle, wo es angenehm ist, verleiht Sicherheit und Entspannung.
- Sich selbst auf das Tuch legen und den Atem verfolgen.

Bewusstes Atmen und Nachspüren

Die Erlebnisse, die in der Bewegungsphase zur Musik mit dem Tuch erfahren wurden, brauchen Raum und Zeit und wollen in Ruhe nachvollzogen werden. Bei diesem Nachspüren hat der Atem eine wichtige Funktion. Bewusstes Atmen heißt, sich mit voller Aufmerksamkeit zu vergegenwärtigen, „ ... wie die Luft bei jedem Atemzug durch die Nase oder den Mund ein- und ausströmt. Dieser Vorgang bringt Sie sofort in die Gegenwart. Gleichzeitig werden sie sich ihrer Atembewegungen in Brust- und Bauchregion bewusst. Und um Ihr Bewusstsein noch einen Schritt weiter zu entfalten, können Sie versuchen, ihren Puls oder Herzschlag an irgendeiner Stelle Ihres Körpers zu entdecken. Nachdem Sie ihre Aufmerksamkeit auf Atmung und Puls gerichtet haben, werden Sie sich Ihres ganzen Körpers bewusst." (Selby 2001: 24) Diese einfache Meditation hilft dabei, vorher Erlebtes, Erinnerungen und Gefühle wieder aufleben zu lassen. Hat sich der Erwachsene mit dieser Methode selbst vertraut gemacht, kann er sie mit geeigneten Impulsen auch an Kinder weitergeben.

Partner malen Musik in den Raum

Erfahrungsgemäß benötigen die Teilnehmer/innen beim Spielen und Experimentieren mit dem Seidentuch erst einmal genügend Zeit und Raum, Entdeckungen alleine und für sich zu machen, bevor sie ihre Aufmerksamkeit auf das Gruppengeschehen richten können. So wird das prächtige Farbenspiel im Raum in der Regel zunächst nur von der Seminarleiterin wahrgenommen, da die Teilnehmer/innen auf

sich und ihr Material konzentriert sind. Erst im Partnerspiel öffnet sich das Auge für diesen Anblick und weitere Entdeckungen. Mit zunehmender Vielfalt entwickelt sich aus der Einzelaktion das Bedürfnis nach Kommunikation. Die Partner/innen lassen sich auf das Spiel miteinander ein und erhalten im spielerischen Reagieren und Agieren, im Führen und Folgen auf Bewegungen neue Impulse und Energien.

Zwei Tücher tanzen, spielen, erforschen miteinander zur Musik. Folgende Beispiele können zufällig entstehen und die Partner/innen greifen sie auf. Zusätzliche Impulse der Leiterin werden nicht als Anordnung oder Aufgabe, sondern als Anregung aufgenommen:

- 👁 Fließende Wellenbewegungen in einheitlicher Bewegungsrichtung
- 👁 Spiegelbildliche Gegensätze in der Motorik
- 👁 Kontaktaufnahme durch Berühren der Tücher
- 👁 Neckisches Fangen und Folgen
- 👁 „Malen" von farbigen Linien mit dem Tuch zur Musik
- 👁 „Malen" eines gemeinsamen „Bildes" im Raum
- 👁 Raumerweiterung in Höhe und Weite, große und kleinere Bewegungen
- 👁 Nähe oder Distanz im Spiel

Farbentanz

Zueinander – miteinander – nebeneinander – durcheinander – umeinander – ineinander – gegeneinander – füreinander

- 👁 Ein Einzelner beginnt, sein Tuch zur bekannten Musik tanzen zu lassen. Der Reihe nach oder in freier Entscheidung kommen die anderen Spieler dazu, bis alle in Bewegung sind. Das sich aufbauende Bewegungs- und Farbenbild der Seidentücher ist sehr reizvoll zu beobachten. Beobachtungsfähigkeit, Sensibilität, Anpassungsfähigkeit, Kreativität, Entschlussfreudigkeit der Teilnehmer ist gefordert.
- 👁 Die noch Beobachtenden suchen sich mit ihren Augen ein Tuch aus, zu dem sie sich im Spiel gesellen wollen. In der Distanz entsteht Spannung, den Kontakt zu dem oder den anderen Tüchern nicht zu verlieren. Sicherheit und Entspannung im gemeinsamen Handeln kann über das Material und die ordnende Musik entstehen.
- 👁 In der Wiederholung dieser Spielabfolge haben alle einmal die Chance, das farbenfrohe Bewegungsbild zu sehen. Ruhe und Bewegung, Melodiebogen und Dynamik in der Musik werden sichtbar.

Solche Gruppenaufgaben sind intensive Gemeinschaftserlebnisse und die Basis für anschließende gemeinsame Malaktionen auf Papier.

Kleisterfarben tanzen auf dem Papier

Um den Arbeitsraum vor Farb- und Kleisterflecken zu schützen, breiten Sie zunächst eine Abdeckfolie für Malerarbeiten (erhältlich im Baustoffhandel)

aus. Doch sollten Sie vor dem eigentlichen Malen dieses faszinierende Spielmaterial unbedingt als Medium der Rhythmischen Erziehung nutzen!

Folie ist nicht nur zum Abdecken da

- 👁 Wir betrachten das Glitzern der Folie. Welche Farbenvielfalt in Silber, Weiß, Grau! Können wir Struktur und Muster des Fußbodens durch die Folie sehen?
- 👁 Wir hören, welche Geräusche das Material hervorbringt: Es raschelt, knistert, rauscht, prasselt, sirrt, zischelt.
- 👁 Wellenbewegungen werden aufgenommen und verstärkt. Dazu bedarf es der sensiblen Impulse des Erwachsenen, um nicht jegliche Spontaneität zu bremsen. Vorwiegend gibt die Musik Impulse weiter, verstärkt, beruhigt. Zufälle in Bewegung und Klang werden vernommen, bemerkt, wiederholt. Entdecktes wird in Bewegung und Sprache zum Ausdruck gebracht.
- 👁 Unter der Folie können die Kinder sitzen, sich hinlegen und erleben, wie die Luft das Material bewegt. Diese Spannung fließt in Körper und Gefühl des Kindes, in ein ursprüngliches Mit-Erleben, Mit-Atmen, Spüren.
- 👁 Aus Spannung entsteht im Loslassen Entspannung. Die Folie steht auf der unsichtbaren Luftfülle. Sobald alle Teilnehmer sie freigeben, schichtet sie sich langsam auf eine Seite zusammen. Für alle ein reizvolles, wiederholbares, jedes Mal neues Erlebnis, auch für Jugendliche und Erwachsene!

Musik wird in Bewegung hörbar und sichtbar

Auf die am Boden ausgebreitete Folie legen Sie große Papierbogen. Das Papier kann auch mit Klebeband auf Tischen befestigt werden. Die für das Malen ausgewählte Musik ist den Teilnehmer/innen bereits bei der Bewegung mit den Tüchern vertraut geworden. Sie sollte nicht länger als fünf, für Kinder nur zwei bis drei Minuten dauern.

- 👁 „Wie eure Hände die Musik mit den Tüchern in den Raum malten, so malen eure Handflächen jetzt auf dem Papier. Wenn ihr wollt, könnt ihr dabei die Augen schließen und spüren, wie die Fingerspitzen sich auf dem Papier bewegen." Die Leiterin wartet, bis die Malenden ruhig und bereit sind, dann startet sie die Musik. Nach dieser Übung beschreiben manche Teilnehmer/innen ihre Finger- und Handinnenflächen als kribbelig. Die Bewegung ist ohne Farbe nicht sichtbar, aber beim Streichen und Wischen hörbar geworden.

- 👁 Wird der Kleister verteilt, kann er hörbar von der Schöpfkelle auf das Papier geklatscht werden. Das lockert die Stimmung. Mit Beginn der nächsten Musik berühren die Malenden mehr oder weniger zögerlich die nasse, kalte Masse und verstreichen sie auf dem Papier. Wer möchte, kann die Augen schließen.

    Es ist spannend, zu entdecken, dass bereits in der eigentlich farblosen Kleistermasse Linien und Strukturen erkennbar sind. Jetzt erscheint die Musik schon sichtbar auf dem Papier.

- 👁 Erwachsene wählen sich zwei oder drei Pulverpigmentfarben aus, Kinder beginnen mit einer einzigen Farbe. Die Leitung übernimmt das Verteilen für die verkleisterten Hände, die Teilnehmer entscheiden selbst, an welchen Stellen das Pigment verbreitet werden soll, und beobachten das Verstreuen des Farbstaubs auf dem Kleister.

- 👁 Im Einklang von Musik und Malbewegung vermengen Finger und Hände die Farben mit dem Kleister. Das bunte Spiel erinnert an die farbenprächtigen Tücher im Raum. Mit geschlossenen Augenlidern steigt die Spannung auf das Ergebnis: Wie sieht das Gemalte am Ende aus?

- 👁 Schaut man den anderen beim Verstreichen und Vermengen zu, reizt dies zum Ausprobieren, Experimentieren und Mitgestalten. Überlassen Sie jedem die Entscheidung selbst. Im wiederholten Malen zu Musik kann neu gestaltet werden. Kleister und Pigmente sind nach Belieben ergänzbar. Die Konzentrationsfähigkeit und Ausdauer der Teilnehmer/innen in der Gruppe bestimmt die Zahl der Wiederholungen.

Hingabe im Malen zu Musik schafft Vergnügen. Dies ist nur in einer freien Atmosphäre möglich, in der keine Leistungserwartungen das Ich-Bewusstsein des Einzelnen zerstören. In der Struktur des methodischen Aufbaus der einzelnen Teilschritte erfährt das Kind Geleit und Sicherheit. Damit ist der Freiraum für eigene Neugier, Schöpferkraft und Ausdruck geschaffen.

Wahrnehmung wird in Bewegung umgesetzt und die Struktur dafür liegt in der Musik. In der Wechselbeziehung von Musik und Bewegung wachsen innere Bilder, die in der ganzheitlichen Bewegung von Körper, Seele und Geist sichtbar werden können. Ich habe noch nie erlebt, dass jemand mit dieser Methode begann, seine Fantasien als Haus, Baum, Sonne oder andere gegenständliche Darstellungen zu äußern. Musik im Kleisterbild lässt eigene Interpretationen zu.

Seidenbänder und Kreiden zaubern farbige Spuren

Materialeigenschaften der Seidenbänder

Seidenbänder üben eine ähnliche Faszination aus wie Seidentücher. Sie reagieren in ihrem Bewegungsverhalten eigenständig. Das Bewegen der Bänder zu Musik kommt einem Malen oder Zeichnen von Linien gleich. Das Material ist gleichsam eine Verlängerung des Körpers. Bewegung mit Bändern ermöglicht, den Raum noch weiter, noch offener zu erfahren. In diesem ganzheitlichen Fließen des Körpers öffnen sich auch Seele und Geist.

Als Gymnastikartikel kann man das Band an einem Stab befestigt kaufen. Ich bevorzuge seidige Geschenkbänder in vielen Farbnuancen. Sie können auf die für Kinder, Jugendliche oder Erwachsene passende Länge vom Meter abgeschnitten werden.

Auswahl im Vorübergehen

Wie bei jeder Rhythmikeinheit beginnen wir wieder mit freier Bewegung im Raum zu Musik. Sind die Kinder entspannt, gelockert, aufgeweckt und in der Situation angekommen, wählt der Erwachsene für die nächste Phase eine CD mit einem geeigneten Kindertempo im Metrum aus. Der Charakter dieser Musik entspricht den weiten, fließenden Bewegungen der Bänder.

- 👁 Aus den hochgehaltenen Bändern suchen sich die Kinder im Vorübergehen zwei aus, deren Farben sie ansprechen. Jede Hand bewegt ein Band. Die Musik führt die Gruppe noch eine weitere Runde, damit alle ausreichend Zeit haben, die ersten Erfahrungen im Umgang mit dem Material zu machen. Selbstverständlich bewegt sich auch der Erwachsene mit, wenn alle Kinder ihre Bänder ausprobieren.
- 👁 *Alternative:* Die Bänder hängen jeweils mit einem Ende aus einem Korb heraus. Das bunte Bild übt einen starken Reiz aus. In abgesprochener Reihenfolge ziehen sich die Kinder einzeln ein Band heraus. Dies geschieht auf verschiedene Weise, z. B. mit zwei Fingern, zwischen den Handballen, den Ellenbogen, mit den Zehen etc.

Messen mit Ohr und Mund

- 👁 Unterschiedliche Geräusche entstehen beim Herausziehen. Die Bänder sind verschieden lang. Spannend ist, sie mit geschlossenen Augen und mit dem Ohr „abzumessen". Das Band ist zu Ende, wenn kein Rascheln mehr zu hören ist. Die Tatsache, dass Kinder ihre Bewegungen gerne mit der Stimme begleiten, können wir aufgreifen. „Dein Mund tönt so lange, wie du das Band hören kannst." Auf diese Weise entsteht eine intensive Verbindung von Bewegung und Geräusch. Sie wird körperlich, im Ohr, wahrgenommen und körperlich durch die Sprechwerkzeuge kundgetan. Das Bewusstsein nimmt sie intensiver wahr. Die farbigen Bänder bleiben nach dem Herausholen am Boden liegen und ergeben so ein Sternbild.

- 👁 Jedes Kind erhält danach noch ein zweites Band, damit es in der Bewegung beidhändig agieren kann.

„Lasst die Bänder zur Musik tanzen!"

Sie haben eine Musik ausgesucht, welche die Bewegung der Bänder im Raum motiviert, und starten nun mit der Gruppe. Im freien Experimentieren zu Musik entdecken die Kinder fasziniert die Eigenschaften des Materials. Mit Freude und Neugier erforschen sie die Beweglichkeit und Bewegungen der Bänder:

- 👁 vor dem Körper ineinander kreisen lassen
- 👁 neben dem Körper große Bahnen beschreiben
- 👁 im Rückwärtsgehen hinter sich herschlängeln lassen, horizontal und vertikal
- 👁 parallel schwingen wie eine Acht
- 👁 hoch in den Raum fliegen lassen
- 👁 bei ruhiger Musik langsam zu Boden schweben lassen
- 👁 heftige Bewegungen erzeugen Geräusche wie Zischen und Knallen

„Bänder malen die Musik in Linien und Formen in die Luft."

Mit diesem Impuls setzen Sie einen neuen Schwerpunkt für das Ausprobieren. Intensives Hören auf die Musik lenkt die Aufmerksamkeit auf ein stimmiges Zusammenspiel von Musik und Bewegung. Melodien, Klang und Rhythmus ordnen die Motorik, der Charakter der Musik bringt gleichsam Gefühle im Menschen zum Ausdruck. Es entstehen innere Vorstellungen und Bilder, die als Voraussetzungen zum späteren Malen zu dieser Musik bedeutend sind.
Im Spiel mit den Bändern erfahren die Kinder weit mehr als nur ein bisschen „Herumwedeln" mit dem Material. In der zweckfreien, experimentellen Probierphase sind Neugier und Lust der Motor zum Agieren. Beim wiederholten Ausprobieren liefert das Zusammenspiel von Musik, Bewegung und Material immer neue Impulse und Reize zu weiteren Entdeckungen. Der Spaß an Wiederholungen lässt Differenzierungen zu. Körperverhalten und Materialeigenschaften können nach und nach gezielt berücksichtigt werden.

Ganzheitliche Förderung

Das Gehirn ist die Zentrale unserer Steuerungsprozesse. Linke und rechte Gehirnhälfte arbeiten in dieser Experimentierphase vernetzt. Denken, Wissen und Empfinden sind miteinander gekoppelt. Sinnzusammenhänge werden erfahren, Gefühle und Fertigkeiten wahrgenommen. Das ganzheitliche Arbeitsprinzip der Rhythmischen Erziehung beweist sich hier auf vielfältige Weise. Im bewussten *Erleben, Erkennen und Benennen* werden nicht nur kognitive Fähigkeiten gefördert. Neuere Forschungen belegen zudem eindeutig, dass Intelligenz und Wissen viel mehr ist, als ein messbarer IQ. Rhythmische Erziehung vertieft das eigene Selbstverständnis des Kindes, es wachsen Eigenständigkeit, Selbstsicherheit und Kreativität in Fantasie und Problemlösungsverhalten, in Kommunikation und Sozialverhalten.

Musik mit Bändern in den Raum zu malen geschieht über die Gestaltung der Bewegung. Das Kind wird in einem ästhetisch-kreativen Handeln von den Ereignissen seiner ganzheitlichen Wahrnehmung getragen. In seiner Motorik äußert es sich frei und ungezwungen. Das Band ist sein greifbarer Vermittler. In seinem seelischen Befinden wird es durch die sichtbaren „Erfolge" zum unkonventionellen Ausleben seiner geistigen Freiheit motiviert. Es ist Platz geschaffen für Träume, Bilder, Wünsche, Kreativität. Der Kunstpädagoge Rudolf Seitz beschreibt diesen Prozess als ein Handeln, Spielen, Probieren, Aus- und „Ein"-denken, in die Hand nehmen und verwandelt aus der Hand legen.
(Seitz 1998: 22)

Experimentieren, wahrnehmen und noch mehr entdecken

Experimentierphasen wie oben beschrieben erzeugen nach meinen Erfahrungen bei den Kindern noch mehr Lust auf weitere Entdeckungen. In einer *Wahrnehmungsphase* erleben und beschreiben sie

- Farbe und Glanz ihres Bandes auf der Ober- und Unterseite
- Struktur und Webrand, Anfang und Ende an der Schnittstelle
- die Dichte des Gewebes beim Durchschauen
- das Fühlen des Materials beim Darüberstreichen
- das Entstehen von Geräuschen beim Streichen, Wedeln, Schlängeln, Schlagen
- die vielseitigen eigenen Bewegungsimpulse und als Reaktion das unterschiedliche Bewegungsverhalten des Bandes

In einem Partnerspiel erfahren sie

- Führen und Folgen der Bänder
- spiegelbildliches Reagieren

- Necken und Fangen im Spiel
- einen gemeinsamen Bewegungsablauf mit und ohne Musik

Musik führt den Bewegungsablauf

- Der Erwachsene spielt auf verschiedenen Instrumenten wie Zimbel, Becken, Pauke/Trommel und Jazzbesen einen klar strukturierten, wiederholbaren, musikalischen Ablauf. Alle hören zuerst nur zu.
- Die Kinder beginnen aus einer Ruheposition ihres Bandes am Boden und folgen der Musik. Diese führt in Intensität und Rhythmus immer stärker werdend zu einem Höhepunkt und langsam wieder zur Ruhe zurück.
- Die Bänder hängen so ruhig als möglich an den Händen. Die Musik führt aus einem leichten Schwingen zu großen Kreisbewegungen und wieder zurück.
- In der Umkehrung führt ein Band die Musik: Dieses Band bewegt sich und alle summen, brummen, zischen, singen mit, solange und so stark sich das Band bewegt.

Kreide zaubert Farbe aufs Papier

In der Rhythmik mit Seidenbändern wurde der Boden für das Malen zu Musik bereitet. Kreatives Malen kann in der Weise geschehen, dass Musik nicht nur hörbar ist, sondern durch Bewegung auf dem Papier mit Malkreiden sichtbar wird. Die Sensibilität in den Bereichen der Wahrnehmung von Hören, Sehen, Fühlen wurde durch die vorangegangene Arbeit geschult. Die Voraussetzungen im Hinblick auf die Gefühlswelt, die Vorstellungsfähigkeit und das Denken, den Körper und seine Motorik und hinsichtlich der Kommunikation mit den anderen Teilnehmer/innen sind geschaffen. Nun kann die Bewegung der Bänder zu Musik im Raum oder vielmehr die Vorstellung, sie malten ihre Farben in Linien in die Luft, in eine tatsächliche Malbewegung umgesetzt werden.

Große Papiere erlauben weite Bewegungen

Gemalt wird auf großen Papierbogen am Boden oder auf Tischen. Durch die vorangegangenen Rhythmiksequenzen mit Seidenbändern sind die Kinder bereits mit der gewählten Musik vertraut. Häufig hören Kinder sowie Jugendliche und Erwachsene nicht nur intensiv zu, sondern summen oder singen nach kurzer Zeit einzelne Passagen mit.

- Für jede Hand wird ein farbiger Wachsblock ausgewählt. Der Einstieg in die Malbewegung fällt leichter, wenn die Kinder zuerst mit den Kreiden in der Luft malen. Die Augen sind dabei geschlossen und der Geist erinnert sich an die Bewegungen der Bänder. Das, was die Bänder zuvor im dreidimensionalen Raum gestaltet haben, wird nun in zwei Dimensionen auf Papier übertragen. Die Kreiden sind dabei die Verlängerung der Hände, sichtbar werdende Bewegungsspuren.

Viele Vorschulkinder können die Augen nicht sehr lange geschlossen halten. Der Einstieg ins Malen ist jedoch erheblich leichter mit geschlossenen Lidern. Es ist ein eindrucksvolles Erlebnis, in die Musik einzutauchen, sich in die Bewegung fallen zu lassen, sich hinzugeben. Das visuelle Ausschalten der Umgebung erleichtert den Vorgang. Selbst wenn die Augen bald geöffnet werden, ist dieser Start wünschenswert.

Der Übertragungsprozess der vorgestellten Bewegungsabläufe der Seidenbänder auf das Papier ist in allen Altersstufen gleich. Nur Tempo und Intensität werden vom Individuum bestimmt. Musik fließt in die Motorik, Bewegungen wandern auf das Papier. Es ergibt sich ein endloser Kreislauf, sich immer wiederholend und gegenseitig anstoßend. Fließende Musikbewegungen zeichnen Kreise, Ovale, Wellen. In einer Musikpause halten die Kreiden scheinbar kurz an, halten aber die Spannung bis zum erneuten Beginn. Malbewegungen zentrieren sich häufig in Folge weit ausholender Bewegungen im Mittelpunkt des Bildes. Die Form einer Acht taucht auf, die sich immer am selben Punkt in der Mitte kreuzt.

Bewusstes Atmen beruhigt und zentriert
Der Körper folgt auch in seiner Atmung linear dem Fluss von Musik und Bewegung. In der einen Schleife der Acht atmet er ein, in der anderen aus. Ein der Situation und dem Befinden angepasster Rhythmus entsteht wie das Auf und Ab einer Welle. Bewusstes Atmen wirkt positiv auf das vegetative Nervensystem, welches sich unserer Kontrolle entzieht. Nicht nur Atemluft wird ein- und ausgeatmet, auch eingelassene Empfindungen können wieder ausgelassen werden. Angst und Nervosität vermindern sich oder verschwinden sogar. Die Inder benennen ihre Lebenskraft und -energie „Prana", ihre Atmung „Pranayama". Die Begriffe verdeutlichen den engen Zusammenhang und die Bedeutung unserer Atmung für unseren Energiehaushalt.
Treffen die Linien und Formen immer wieder die Mitte, so kann man davon ausgehen, dass der Mensch in „seine Mitte" gefunden hat. Er befindet sich in Balance. Sein Energiefluss kann nun auch wieder nach außen strömen, im Sinnbild der immer größer werdenden Acht. Dieser Vorgang schafft einen Ausgleich zwischen den Gehirnhemisphären, im ganzheitlichen Lernen wird das Erlebte vertieft und das erworbene Wissen verankert.

Ausgleich in den Pausen

Malen zu Musik ist anstrengend, fordert und fördert Konzentration und Ausdauer. Pausen sind notwendig. In den Zeiten zwischen dem Malen beobachten
Sie sensibel, was die Kinder zur Entspannung brauchen:

- 👁 Erzählen und Beschreiben, was auf dem Papier an Bewegung sichtbar
  ist
- 👁 Erzählen und Beschreiben, was auf dem Papier von der Musik und
  ihrem Charakter zu erkennen ist
- 👁 Erzählen und Beschreiben, was in den Kindern selbst geschehen ist und
  lebendig wurde
- 👁 Freie Bewegungsphasen im Garten
- 👁 Bewegung im Raum zu einer ganz anders gearteten Musik mit for-
  schem Metrum
- 👁 Aussuchen von neuen Farbkreiden

Wiederholen ist Vertiefen und Verankern

Mehrere Durchgänge können auf dem gleichen Malpapier stattfinden. Neue Farben zeigen neue Linien, Formen und Wege der Hände. Das Bild wird dichter. In immer wiederkehrenden Zentren intensivieren sich die Farben. Weite und sich öffnende Bewegungen sind zu erkennen. Die Wiederholung von Musik und Malvorgang bringt zunehmende Sicherheit, ermöglicht mehr und mehr vertraute Bewegungen und Äußerungen. In der Fantasie des Geistes entstandene Bilder können aus der Bewegung heraus bewusst auf das Papier fließen, der rhythmisierte Bewegungsablauf wird nicht unterbrochen. Umgekehrt gibt er Impulse für die gezielte Gestaltung frei. Rhythmus und Bewegung bilden die ordnende Basis zum freien Ausdruck. Aus Impressionen werden Expressionen.

Praxisbeispiel: H. malt zum ersten Mal nach zwanzig Jahren wieder

H. ist Kaufmann, zuständig für den reibungslosen Einkauf einer großen Supermarktkette. Seit seiner Schulzeit hat er nicht mehr gemalt. Seine Freundin überredet ihn zum Rhythmik-Seminar, zum „Relaxen", wie sie ihm verspricht. H. ist überrascht, dass er mit Tüchern, Steinen, Reifen, Federn, Kugeln experimentieren kann und verliert sich zeitweise sehr versunken im meditativen Spiel. Bewegung zu Musik liebt er, da er gerne „marschiert".

H. zeigt die größte Begeisterung im Beobachten des Windes, im Hören der Geräusche einer 50 m² großen Plastikfolie, mit der wir den Boden unseres Raumes auslegen. Große Papierbogen und Kleister werden verteilt. Mozarts g-moll Symphonie in einer ägyptischen Interpretation läuft. Etwas eckig kniet H. vor seinem Blatt, die Fingerspitzen tauchen nur zaghaft in die Kleistermasse. Mutig schließt er die Augen. Finger, und schließlich auch die Handflächen, wandern im Rhythmus der Musik über die große Fläche. Am Ende der Musik betrachtet er versonnen die Strukturen der Kleistermasse in Weiß, Grauweiß und dunklerem Grau. Bei den Pigmenten, die er beim zweiten Durchgang aufstreuen kann, entscheidet er sich für alle angebotenen Farben, von jeder ein bisschen etwas, auch vom schwarzen Kohlenstaub. Im Verlauf des Malens schließt er immer wieder die Augen, überträgt durch die Bewegung seiner Hände und seines Oberkörpers die Melodie und den Rhythmus, den heiteren oder melancholischen Charakter von Mozarts Musik auf das Papier. Am Ende entscheidet er sich, einen sehr dunklen Fleck durch zwei grüne Federn aufzuhellen, die er in die Kleisterfarbe klebt. Nach zwanzig Jahren Pause hat ihm das Malen Spaß gemacht. Er ist zufrieden mit dem „Ergebnis".

Der ganze Körper tont

Ton und Töne – Musik wird greifbar

Eine Skulptur aus Tönen

👁 In der „Werkstatt": eine vertraute Umgebung, ein Batzen Ton auf dem Brett, inspirierende Musik, die feuchten Hände um den Ton geschlungen. Die Augen sind geschlossen. Die Ohren hören die Musik. Die Hände liegen auf dem Ton. Mensch und Material finden die Verbindung zueinander.

👁 Langsam beginnen die Hände, sich zur Musik auf dem Ton zu bewegen. Die Sinne werden wach, die Haut spürt den Ton. Er ist kühl, feucht, fest und trotzdem schmiegsam, die Oberfläche ist glatt und hat doch feine und auch grobe Strukturen. In der Form finden sich Flächen, Rundungen, Kanten, Absätze, Einbuchtungen. Die Finger tasten im Rhythmus der Musik nach Linien, Vertiefungen, Furchen. Sie lassen sich durch sanften Druck verstärken. Dynamik in der Musik intensiviert das Tun. Der Ton lässt sich verformen. In den Formen kommen Bilder, Fantasien, Vorstellungen, Erinnerungen zum Ausdruck.

Bilder aus dem Unbewussten werden gegenständlich

Rhythmus und Dynamik in Bewegung und Musik steuern den Verlauf des Spiels. Im Zusammenspiel von Wahrnehmen und Bewegen wachsen Mut, Spontaneität, Kreativität. Ohne den Zwang zu einem perfekten Endprodukt erhalten die aufkommenden Emotionen und Bilder aus dem Unterbewusstsein Raum. Zufällige Entdeckungen der Sinne finden ihren Weg zu absichtlichem Verstärken im Ausdruck. Die Hände drücken sie in den Ton oder ziehen sie aus dem Material heraus. Wiederholung in der Bewegung zur Musik fördert die Experimentierfreude und ermöglicht ein immer intensiveres Einlassen. Formen vervielfachen sich wie von selbst, regen zu weiteren Differenzierungen an. Die Fantasie nimmt Gestalt an, Inneres wird körperlich wahrnehmbar.

👁 Eine Pause des Betrachtens zeigt, was jetzt zu sehen ist. Eine Skulptur ist entstanden, an der nun mit offenen Augen weiter gearbeitet werden kann. Manchmal löst das Produkt Erstaunen und Überraschung beim Gestaltenden aus. Beim Gestalten können jedoch Vertrauen und

Mut wachsen, die inneren Vorstellungen mit einfachem, handwerklichem Geschick weiter herauszuarbeiten.

Der klare Unterschied zum herkömmlichen Töpfern mit Themenstellung liegt darin, dass wir die Arbeit mit geschlossenen Augen beginnen: Wir lassen uns auf die Musik ein, nehmen Impulse aus Klang und Rhythmus auf, lassen sie in die Bewegung und damit in die Gestaltung einfließen und experimentieren frei. Jeder wählt auf dem Pfad der Fantasie unbewusst sein individuelles Thema. Im fertig gestellten Werk werden Musik, Bewegung und das Ich der Person sichtbar. Impulse zur sensiblen Wahrnehmung von Musik, Material und gestalterischer Bewegung fördern und unterstützen das eigenständige, bildhafte Gestalten. Jedes Kind wird auf individuelle Weise vorgehen und sein Erleben umsetzen.

Handwerkszeug und Umgang mit den Werkstücken

Technische Hilfen gilt es, nicht lehrhaft an das Kind heranzutragen. Gemeinsam können handwerkliche Lösungen gefunden werden. Auch hier steht das Experimentieren im Vordergrund. In der Regel genügen die Hände und Finger als Handwerkszeug. Wo dies nicht ausreicht, halten Sie entsprechende Hilfen wie Modellierhölzer, alte Esslöffel, Ziehdraht im Hintergrund bereit. Da das Arbeiten mit Ton die Hände austrocknet, stellen sie etwas Wasser zum Anfeuchten bereit. In den notwendigen Pausen decken sie die Werkarbeit mit einem Tuch ab. Längere Zeitpausen erfordern über der textilen Abdeckung eine Plastikfolie.

Der Prozess ist wichtiger als das Ergebnis

Bieten sie den Kindern Bewegungsphasen mit einer gegensätzlichen Musik an, z. B. Trommelmusik aus Afrika, damit sie sich entspannen und sich danach wieder neu auf die Weiterarbeit einlassen können.

Meine Erfahrungen zeigen, dass beim Betrachten einer fertigen Skulptur meist die „stillen" Erlebnisse aus der Zeit des Gestaltens wieder auftauchen und wesentlicher sind als das „Ergebnis". Häufig ist die Plastik nach der Fertigstellung gar nicht mehr so wichtig und wird nicht einmal gebrannt. Einige Tonarbeiten sind als Metamorphosen im Garten wieder zu dem geworden, aus dem sie entstanden sind: zu Erde.

Nudelhölzer gehören doch in die Küche, oder?

Das Material

Rhythmik mit Wellhölzern? Ist das sinnvoll? Aber ja! Die rollenden Zylinder reizen zum Experimentieren, Spielen, Ausprobieren:

- ◉ Sie sind in sich beweglich und bewegen den Menschen mit sich.
- ◉ Sie motivieren zum Erkunden ihrer Funktion.
- ◉ Sie fordern Geschicklichkeit im Umgang mit dem Gegenstand.
- ◉ Sie machen Lust, Geräusche zu erzeugen.
- ◉ Sie entwickeln aus zufälligen Ergebnissen absichtliche, wiederholbare Spielabläufe, auch im Partnerspiel.

Sie müssen schon hartnäckig auf Flohmärkten einkaufen oder über ausreichend befreundete Hausfrauen oder -männer verfügen, damit sie für ihre Kindergruppe genügend hölzerne Nudelrollen zusammentragen. Dafür werden sie mit der Begeisterung der Kinder beim Anblick und Spielen dieser rollenden Holzstücke belohnt! Dicke, dünne, kurze, lange, solche mit hochgestellten Griffen, drehbaren oder nicht beweglichen Mittelstücken, Pizzanudelrollen – eine erstaunliche Vielfalt von Wellhölzern rollt Teige in den Küchen der Welt aus.

Materialeigenschaften wahrnehmen

Beim Betrachten der anregenden Auswahl entdecken und beschreiben wir die unterschiedlichen Auffälligkeiten der Nudelhölzer: helles und dunkleres Holz, lackiert oder unlackiert, dicke und lange Formen, die Gestaltung der Griffe, Altersspuren durch den häufigen Gebrauch, Macken in der Oberfläche. Eine Gemeinsamkeit haben alle Teigroller: sie rollen!

Und nun – ausprobieren, was das Nudelholz kann!

Die Kinder warten schon „ganz heiß" auf den Impuls zum Start in die Experimentierphase, gekennzeichnet durch Entdeckungsfreude, Lautstärke und Lebendigkeit. Jeder rollt, schiebt, dreht, probiert, vergleicht, unterscheidet. Aus dem Zufall ergibt sich ein wiederholbares Spiel, das weiterentwickelt, verändert wird. Der Erwachsene hat zuvor ein deutlich anders klingendes Signal für STOP vereinbart. Die Ausprobierzeit ist methodisch so strukturiert, dass freie und gemeinsame Spielphasen abwechseln, um Chaos und Verletzungen zu vermeiden, aber auch um selbst Erforschtes allen zu zeigen, zu beschreiben und zu vertiefen.

Methodischer Aufbau der Experimentierphase (Beispiel)
- ◉ Mit beiden Händen führen oder einseitig rollen, mit den Ellbogen, den Knien, den Füßen anschubsen, schieben, drehen, aufstellen und nur das Mittelstück drehen, andersherum drehen, die Griffe drehen
- ◉ Beispiele aufgreifen: Rollen durch einen exzentrischen Anstoß rechts oder links

- Die Gruppe gemeinsam ausprobieren, vergleichen lassen: Zusammen-hang von Größe, Gewicht, Tempo, Dynamik und anderen Faktoren aus-kundschaften, auf Geräusche hören: das Rollen des Holzes am Boden, Unebenheiten wahrnehmen, ein klackerndes Geräusch entsteht beim Schütteln des Mittelteiles
- Im Partnerspiel Geräusche beim Rollen des Nudelholzes vergleichen: tiefe oder hohe, leise oder laute Töne, Summen oder Rattern; höre ich auch das Rollen auf dem eigenen Körper?
- Wo und wie kann das Wellholz auf meinem eigenen Körper rollen? (auf dem Bauch, dem Arm, über die schrägen Beine oder Füße, vom Hals bis zu den Füßen, unter meinen Fußsohlen, unter den Unterarmen; sanftes, vorsichtiges Rollen ist auch auf dem Rücken des Partners mög-lich
- Ich liege mit dem Bauch auf dem Nudelholz und versuche zu rollen
- Ich setze mich mit dem Po auf das Holz
- Im Vierfüßlerstand gleitet die Rolle unter mir vorwärts oder rückwärts

Weiterführung

- Drehen um die eigene Achse, ähnlich wie ein Kreisel
- Einen Griff festhalten und mit dem Holz am Boden einen Halbkreis drehen
- Den Holzzylinder am Griff ganz um meinen Körper rollend herumfüh-ren, dazu sprechen wir im Rhythmus des Rollens:
  Roll mich hin, roll mich her, rundherum, das ist nicht schwer!
  Bewegungs- und Sprachrhythmus sind identisch.
- Eigene Entdeckungen weiterentwickeln: Welche Kraft muss ich gezielt einsetzen, um das Holz kurze oder lange Strecken zu rollen, in eine bestimmte Richtung zu steuern, leise oder laut zu kullern?

Überleitung zur nächsten Aufgabe und / oder gemeinsamer Abschluss

- Die Wellhölzer werden einzeln von einer Raumseite zur anderen gerollt. Dabei vergleichen wir Tempo, Ausdauer und Geräusche und stellen Ver-knüpfungen und Zusammenhänge zwischen Material, Bewegung und Energieaufwand her.
- Alle Hölzer werden einzeln und auf individuell gefundene Weise zu einem Sammelplatz transportiert. Damit ist eine Wiederholung und Zusammenfassung der unterschiedlichen Bewegungs- und Spielmög-lichkeiten gegeben.

Selbst Wellholz sein

- 👁 Wir probieren aus, wie sich der eigene Körper verhalten muss, um sich wie ein rollendes Holz auf dem Boden zu bewegen: hart, rund, lang, mit dargestellten Griffen. Bin ich auch so rund oder gibt mein Körper beim Rollen Widerstand?
- 👁 Die Kinder lassen sich von einem Partner, einer Partnerin oder vom Erwachsenen rollen.
- 👁 Höre ich Geräusche wie beim Wellholz?
- 👁 Kann sich mein Körper um die eigene Achse drehen wie das Nudelholz?
- 👁 Was ergibt der Oberflächenvergleich von Holz und Körper?
- 👁 Kann mein Körper eine Fläche glatt rollen, z. B. Sand, die Wiese, geknittertes Papier, Stoff?

Bewegungsphasen zum Regenerieren

Während das Kind sich in der *Experimentierphase* darauf konzentriert, seine visuellen Entdeckungen sinnvoll in die Motorik zu übertragen, seine Fähigkeiten zur Selbststeuerung einzusetzen, die unterschiedlichen Reize zu verknüpfen und ausgehend von diesen Impulsen in kreativer Weiterentwicklung neue Lösungen zu finden, kann es sich in den *Bewegungsphasen* dazwischen regenerieren. In raumgreifenden, großen Bewegungen können Freude und erlebter Spaß Ausdruck finden, aufgestaute Energie wird durch Bewegung zur Musik geordnet und abgebaut, Raum und Zeit zum Durchatmen sind gegeben. Bewegungsphasen lassen sich jederzeit einschieben. Das Material wird dabei mittransportiert oder die Füße laufen um das am Boden liegende Material.

Erlebnisse und Erfahrungen mit Nudelhölzern bleiben dem Kind in freudiger und spaßiger Erinnerung. Es ist in seiner Entwicklung weiter fortgeschritten, Gegenstände auch andersartig, „unsachgemäß – um die Ecke denkend" und damit kreativ einzusetzen. Wie oft im Leben wird das Kind einer Situation begegnen, in der es Materialien zweckentfremdet einsetzen muss. Aussagen wie z. B. „Das macht man schon immer so" oder „Das Wellholz verwendet man nur dafür" bremsen das Kind in seiner Flexibilität, ungewohnte Lösungen für Probleme zu finden. Dies jedoch fordert die Gesellschaft unserer Zukunft, damit wir die uns gestellten Aufgaben lösen können.
Über das lustvolle Experimentieren mit Wellhölzern in der Rhythmik schafft der Erwachsene für das Kind den kreativen Raum und die Verbindung zum sachgerechten, aber fantasievollen Einsatz dieses Materials in der Gestaltung mit Ton.

Rollendes Nudelholz auf Tonmasse

Ich halte es nicht für sinnvoll, mit Vor- und Grundschulkindern in Plattentechnik zu arbeiten. Bei dieser Technik wird die Tonmasse zwischen zwei gleich hohen Holzleisten mit einem Nudelholz exakt ausgewellt. Die Tonplatten können anschließend aufgedreht, aufgebogen oder auch aufgestellt werden. Dabei entstehen meist erhebliche technische und statische Probleme. Kinder in diesem Alters sind damit überfordert und verlieren dann schnell die Lust zum kreativen Arbeiten. Das Wellholz kann trotzdem für die Gestaltung einer plastischen Tonarbeit durchaus sinnvoll eingesetzt werden.

👁 Das Kind hat einen Batzen Ton auf dem Brett liegen und schlägt diesen mit der Faust oder dem Handballen vorsichtig flach, so dass eine Platte mit einer Reststärke von maximal 6 cm entsteht. Es benützt das Nudelholz, um quer, längs oder diagonal eine Kerbe in die Masse zu drücken oder zu klopfen. An dieser Kerbe kann nun experimentell weitergearbeitet werden. Soll die Furche vergrößert werden, gilt es, das Holz so geschickt anzusetzen und zu rollen, dass die runde Scharte ihre Form behält, aber erweitert wird. Beim Ausprobieren wird das Kind selbst entdecken, wie aus dem Zufall eine Absicht entsteht und der Vorgang gezielt wiederholt werden kann. Beim Rollen des Holzes entstehen möglicherweise auch Wellen durch unterschiedlich starkes Aufdrücken. Ist das Kind davon begeistert, wird es sie vorsichtig und geschickt vertiefen.

👁 Der Griff des Nudelholzes ermöglicht ein kleines, tiefes, senkrechtes, diagonales oder kegelförmiges Loch in der Masse, Rillen können gezogen werden. Das Kind setzt nun seine Erfahrungen aus der Rhythmik mit dem Wellholz ein. Anschließend kann mit Händen und Fingern experimentiert und gestaltet werden. Krater entstehen, Verbindungen werden gezogen, Rillen eingearbeitet, Flächen und neu entstandene Formen glatt gestrichen oder aufgekratzt. Im Modellieren entwickelt sich wie von selbst eine Vorstellung, ein Bild, dessen Interpretation das Kind zu gegebener Zeit formulieren wird. Vorgegebene Themen engen in solch kreativer, experimenteller Auseinandersetzung mit dem Material sehr stark ein.

Ruhige Musik führt die feinmotorischen Bewegungen

Wählt der Erwachsene für die Zeit des Modellierens eine ruhige, metrische Musik aus, kann das Kind dieses Zeitmaß in seine Bewegungen übernehmen. Das Ziehen und Ausstreichen von Linien wird, unmerklich für das Kind, von der Musik geführt. Rhythmus und Dynamik beeinflussen die feinmotorischen

Bewegungen auf sanfte und beruhigende Weise. In einer solchen Atmosphäre entsteht größere Kreativität und entwickelt sich der Mut zum Experiment.

Was tun mit den Ergebnissen?

Ob die fertige Reliefplatte gebrannt werden kann hängt davon ab, wie unterschiedlich dick die Oberfläche am Schluss gestaltet ist. Zu große Differenzen schaffen Spannungen im Ton und das Material platzt beim Brennen. Ungebrannte, nur getrocknete Tonprodukte zerbrechen leicht, sie können auch wieder mit Wasser eingeschlemmt und weiterverarbeitet werden. Eine „Hilfslösung" für Reliefs ist, sie vorsichtig auf einem Holzbrett zu befestigen. Auf diese Weise können sie auf dringenden Wunsch zum Betrachten aufgestellt oder aufgehängt werden.

Kugeln rollen im Bauch

Materialeigenschaften der Steinkugel

Steinkugeln üben einen starken visuellen und noch größeren taktilen Reiz auf den Betrachter aus. Auch drängt sich sofort die Lust zum Rollen und Drehen auf. Diese Aufforderung liegt in der Kugel selbst. Ohne Standfläche setzt sie sich auf der geringsten schiefen Ebene in Bewegung. Einmal in Schwung gebracht, rollt sie auf einem glatten Boden schier endlos. Nur die Reibung auf dem Untergrund verlangsamt ihr Tempo oder ein Hindernis stoppt sie. Ihre Form symbolisiert Unendlichkeit und gleichwohl Geschlossenheit. In der glatt polierten Oberfläche spiegelt sich jede Lichtquelle in verkleinerter, konvexer Verzerrung, welche allen Kugeln in derselben Ausrichtung einen Glanzpunkt aufsetzt.

Farblich weisen die Kugeln auf ihre Herkunft aus Steinbrüchen hin: weiß, in allen Schattierungen, blaugrau, dunkelgrau, braun bis beige, rostrot, mit Adern und Einschlüssen aus den Schichten des Marmors, aus dem sie geschlagen wurden. Zur vollkommenen Form geschliffen ist jede Kugel für sich ein Unikat.

Den Stein-Ball erforschen

Bevor Sie gemeinsam mit Kindern, Jugendlichen oder Erwachsenen die Kugeln bestaunen, gönnen Sie sich den Genuss, alleine oder mit Freunden diese „Stein-Globusse" zu studieren, zu beschreiben, einzelne Entdeckungen zu verbalisieren. So können Sie aus Ihren persönlichen Erforschungen geeignete Impulse zum gemeinsamen Studium schöpfen. In der Hand fühlt sich die Kugel zunächst kalt an. Im Verlauf des Abtastens und Fühlens, im be-greifenden Umgang mit dem Stein-Ball erwärmt sich das Material.

Gönnen Sie Kindern, Jugendlichen und Erwachsenen einen begrenzten Experimentierraum mit den Steinkugeln. Besonders geeignet ist der Reifen, der in seinem Rund die Form der Kugel aufnimmt und ihre Bewegung weitergleiten lässt. Die Begrenzung erlaubt differenzierteres Ausprobieren, da die Kugel nicht wegrollt. Als Untergrund sind Parkett- oder fester Kunststoffboden geeignet. Teppich erzeugt zu starke Reibung und bremst die Bewegung.

- Die Kugel im Reifen rollt am inneren Rand entlang immer wieder.
- Wir rollen sie aktiv und warten ihren Stillstand ab.
- Wir stoßen sie mit einem oder mehreren Fingern, der Handinnenfläche oder den Fingerrücken unterschiedlich stark an.
- Sie klackert von einer Reifenseite auf die andere.
- Wird der Reifen entsprechen hin- und hergeschoben, rollt die Kugel ohne Hilfe der Hände in der Kreisbewegung ebenso hin und zurück.
- Drehbewegungen versetzen die Kugel ins Rotieren. Aus der farblichen Struktur und der Maserung entstehen reizvolle Bewegungsbilder.

Greift der Erwachsene Beispiele der Kinder auf und gibt sie zum gemeinsamen Ausprobieren an die Gruppe weiter, ergeben sich daraus weiterführende Impulse zum Experimentieren. Die aufgegriffenen Spielideen bestätigen das Kind in seinem Selbstbewusstsein und seinem Tun und motivieren es zu weiteren Erkundungen. „Das Gefühl, als Person ernst genommen zu werden und seinen Raum zugestanden zu bekommen, erhöht den Mut, kreativ zu sein." (Seitz 1998: 40)

Die eigene Stimme rollt mit

Der Einsatz der Stimme in der Bewegungsbegleitung intensiviert die Wahrnehmung dessen, was das Kind visuell aufgenommen hat. Zeit (Tempo, Dauer) und Dynamik (Stärke, Kraft) der rollenden Kugel werden körperlich in der Atmung, dem Stimmansatz und Stimmvolumen erfahren. „Die Stimme bleibt das elementarste und auch vielschichtigste Instrument; sie ist in all ihren reichen Möglichkeiten einzusetzen, die sowohl Ton- als auch Geräuschhaftes umschließen." (Meyer-Denkmann 1970: 13)

Die Kugel wird im Rollen beobachtet und mit Summen, Brummen, klingenden Silben so lange stimmlich begleitet, bis sie ruht. Hält die Bewegung an, verstummt auch der Ton.

- Die Kugel läuft am Reifenrand entlang und wird gestoppt.
- Sie rollt so lange, bis ihre Energie verbraucht ist.

- 👁 Der Klang beim Rollen der Steinkugel ist anders als derjenige beim Anstoßen am Reifenrand.
- 👁 Stolpert die Kugel, kann auch das mit der Stimme imitiert werden, wenn auch zeitlich verzögert.

Rollende Kugel im Bauch

Die Steinkugel wird im Reifen in Bewegung gebracht und gleichzeitig lauscht das Ohr außerhalb des Reifens am Fußboden. Sind die Augen dabei geschlossen, werden übertragene Schwingungen des Geräusches durch die Vibration des Bodens körperlich wahrgenommen. Aktives Hören mit dem ganzen Körper intensiviert und differenziert die Wahrnehmung und lässt das Hörerlebnis zu einer Körpererfahrung werden. Kinder berichten von einem Kribbeln in Händen und Bauch, während die Kugel rollt.
Wird zusätzlich die Stimme eingesetzt, können die Eindrücke gleichzeitig zum Ausdruck gebracht werden. Mit der Aufforderung „Zeige, begleite, was du hörst!" wird eine Zuordnung von motorischen und akustischen Abläufen möglich.

Rolle hin, rolle her, rolle rundherummmmm!

Synchrone Bewegungsabläufe in der Gruppe erfordern ein gleiches Zeitmaß bei allen Teilnehmer/innen. Gemeinsam gesprochene Verszeilen geben den Start zur weiteren Entwicklung von Dynamik und Dauer des Ablaufs.
- 👁 „und – rummmmmmmmmm!"
- 👁 „hin und her, hin und her, rund-he-rummmm!"
- 👁 „roll mich hin, roll mich her, rundherum, das ist nicht schwer!"

In dieser Phase gilt es, den Krafteinsatz zur Fortbewegung der Kugel entsprechend der Dauer der Bewegung auszutaxieren und zunehmend gezielter zu steuern. Die Aufgabenstellung, richtig zu dosieren, ist keine Anordnung, sie deckt sich mit dem ohnehin vorhandenen Reiz des immer wiederkehrenden Spiels von Sprache, Klang und Bewegung. Herrschen beim Üben und Entdecken freudvolle Bedingungen, wie Albert Einstein sie mit seiner Aussage „Lernen ist Erfahrung" nahe legt, wird Neugierde provoziert und die Intelligenz gefördert. „Lernen ist nicht nur ein Wechselspiel von Geist und Körper, sondern auch von Geist und Seele. Bei einer positiven Lernmotivation werden andere Hormone ausgeschüttet als bei einer negativen ... und die Wissenschaft vermutet, dass dort, wo Endorphine produziert werden, auch die Prozesse des Merkens und Erinnerns stattfinden!" (Liebertz 1999: 39)

Steinhart und zart

- ◉ Beide Hände umschließen die Kugel. Soweit das möglich ist, schaut nichts mehr von der glänzenden Oberfläche durch die Finger. Steinhart, im wahrsten Sinne des Wortes, gibt die Kugel Widerstand, wenn sie fest gedrückt wird. Weich und zart dagegen ist die Kugel, wenn wir mit ihrer glatten Oberfläche geschmeidig über unsere Wangen streichen, fast streicheln. Welche Gegensätze!
- ◉ Wir rollen sie zwischen unseren Handflächen auf und ab, rundherum; ganz vorsichtig und mit Kribbeln in den waagrecht gehaltenen Innenflächen. Mit erhöhter Aufmerksamkeit bewegen wir die Kugel zwischen den senkrecht aufstehenden Händen. Ob dies auch mit den Fußsohlen glückt? Oder zwischen den Unterarmen und auch den Oberschenkeln?

Zwei mit einer Kugel

- ◉ Beim Partnerspiel ist Geschicklichkeit gefragt, damit die Kugel gleichmäßig zwischen den Handflächen, den Fußsohlen oder zwischen den Rücken der Partner/innen rollt.
- ◉ Ein Kind legt sich lang auf den Boden, schließt die Augen. Das andere Kind rollt seine Kugel an den Umrissen des Körpers entlang am Fußboden, ohne das Kind zu berühren. „Hörst du, wo die Kugel rollt?"

Die Kugel geht spazieren

Wie kann ich die Kugel zu langsamer Musik tragen?
- ◉ zwischen den Beinen oder unter dem Kinn eingeklemmt
- ◉ auf der Handoberfläche zwischen zwei Fingern ruhend
- ◉ ruhig in einer Hand
- ◉ auf drei oder mehr aufgestellten Fingern balancierend
- ◉ in einer runden Kuhle aus Daumen und Zeigefinger
- ◉ in der Hosentasche versteckt
- ◉ die Kinder er-finden noch mehr Verstecke

Bewegungsphasen zwischen den Experimentierzeiten

Auch bei dieser Rhythmik-Sequenz ist ein Wechsel zwischen Ruhe und Bewegung notwendig, um die geistige Frische und Beweglichkeit, die Lust und Neugier auf noch mehr Entdeckungen zu erhalten. Bewegungsphasen zu Musik sind keine Unterbrechung des Ablaufs, sondern eine unerlässliche Ergänzung, die das Bewegungsbedürfnis nach dem Arbeiten am Platz befriedigt. Verschiedene Musik-Tempi geben Orientierung zum Gehen, Laufen, Hüpfen, Schreiten im Raum. Der Klangcharakter löst Spannungen, der Rhythmus reguliert die Atmung und integriert Körper, Geist und Seele. Das psycho-soziale Erlebnis in der Gruppe ist nach der individuellen Beschäftigung mit dem Material ein motivierendes Erlebnis.

Leichter Ball – schwere Kugel

- 👁 Ein Tuch aus Seide ist zwischen zwei Partnern gespannt. Sie werfen einen Tischtennisball auf das Tuch und schon beginnt das Spiel! Beide Personen geben ihre Bewegungsimpulse über das Tuch an den Ball weiter und versuchen, diesen auf dem Tuch zu halten. Im Erkunden, Ausprobieren und geschickten Experimentieren werden Impulse der Partner sowie des kleinen, hüpfenden Balles aufgenommen und müssen aufeinander abgestimmt werden.
- 👁 Der leichte Tennisball wird durch eine Steinkugel ersetzt. Der Wechsel von leicht und schwer wird dann besonders intensiv wahrgenommen, wenn vor dem Wechsel die Augen geschlossen werden. Die Kugel zieht das Tuch schwer nach unten. Der Gewichtsunterschied wird mit Händen und Armen sehr unmittelbar gespürt. Wahrnehmen und Denken bilden eine Einheit. Die Begriffe *leicht* und *schwer* sind er-lebt und können als erfahrenes Wissen gespeichert werden.

Kreisende Kugel im Partnerspiel

- 👁 Will man eine Kugel im Tuch zu zweit in eine gleichmäßig kreisende Bewegung versetzen, bedarf es eines harmonischen Zusammenspiels. Die Koordination und Steuerung der Bewegungsimpulse bei dieser Aufgabenstellung und die dabei notwendige nonverbale Verständigung zwischen den Partnern fördern körperlich-kinästhetische Fähigkeiten und eine Form der Intelligenz, die komplexe Bewegungsabläufe steuert. Von der kreisenden Kugel geht ein lustvoller Reiz aus, der zu Wiederholungen animiert. Durch die Wiederholung werden die Bewegungsabläufe automatisiert.
- 👁 Intensiviert wird die Erfahrung im geistigen und körperlich-seelischen Bereich durch das Schließen der Augen während des Spiels. Das erfordert Mut. Ist die visuelle Sinnesaufnahme ausgeschaltet, werden andere „Antennen" sensibler: Die Hände und Arme leiten den Bewegungsfluss an den ganzen Körper weiter. Die zirkuläre Bewegung der Kugel im Tuch spiegelt sich in der kreisenden Bewegung des Körpers

wider. Zentriert sammelt sich die Energie in der Mitte des Menschen, in seinem Bauch. Aus der Mitte heraus gelangt der Impuls in einer Wechselwirkung wieder in die Bewegung zurück. Das Rund umschließt den ganzen Menschen, auch seine Atmung. Sie wird gleichmäßiger, ruhiger.

Ganzheitliches Lernen durch Integration beider Gehirnhälften
An diesem Beispiel wird deutlich, wie ganzheitliches Lernen vor sich geht. „Wir lernen optimal und effektiv, wenn möglichst viele Sinne und beide Hirnhälften eine gelungene Symbiose eingehen! Zwischen dem sechsten und neunten Monat vernetzen sich die Funktionen beider Gehirnhälften. Hirnforscher stellten fest, dass bei Kindern im Vorschulalter nur eine leichte Hemisphärendominanz nachzuweisen ist. Die starke linkslastige Dominanz der meisten Menschen verfestigt sich also durch ein Schul- und Lernsystem, das die linke Hirnhälfte mehr fordert und fördert als die rechte!" (Liebertz 1999: 37) Im Spiel mit der kreisenden Kugel dagegen wird nicht nur die linke Gehirnhälfte aktiviert, die für logisches, planendes, lineares und begriffliches Denken zuständig ist, sondern auch die rechte Gehirnhemisphäre einbezogen, die Intuition und Gefühle integriert und assoziatives Lernen ermöglicht.

Kinder in den ersten Kindergartenjahren beginnen das Spiel der im Tuch kreisenden Kugel aus Sicherheitsgründen gerne am Fußboden. Ältere Menschen bewegt der Klang der rollenden Kugel auf dem Boden zu weiteren Experimenten. Die Teilnehmer/innen beobachten den Zusammenhang von langsamen oder schnelleren Tempi und dem Klang der Kugel und finden dabei eigene Schlussfolgerungen bestätigt. In der Bewegung der Kugel lassen sich Raum, Zeit und Dynamik erfahren, dabei entwickeln sich Denkstrukturen und gleichzeitig entfaltet sich im Partnerspiel interpersonale Kompetenz.

Tönende Ton-Kugel

Hausfrauen fertigen Knödel, Kinder formen Schneebälle, Schreiner drechseln Holzkugeln, Glaskünstler blasen Murmeln und Glaskugeln. In Spezialgeschäften werden gold- und silberglänzende Klangkugeln angeboten. Sie offenbaren ihr Geheimnis durch Bewegen, regen zum rhythmisch-musikalischen Experimentieren an und üben einen großen Zauber auf Menschen aus. Metallkugeln können wir nicht selbst herstellen, dagegen aber Tonkugeln, sofern Sie die Möglichkeit zum Brennen haben. Mit Eifer modellieren Schulkinder, Jugendliche und Erwachsene Tonklumpen zu einer Kugel und stellen sich der Herausforderung, ein wahrhaft rundes Objekt zu fertigen.

Material:

- Ton in der Körnung von mind. 1,5 mm (je größer der Schamottanteil, umso mehr verzeiht der Ton kleine technische Fehler von Lufteinschlüssen)
- Kleine Zeitungspapiere zum Knüllen, die in Kleister eingeweicht werden
- Zum Festklatschen des Tons eignet sich ein Pfannenheber aus Holz oder ein handgerechtes, schmales, dünnes Holzbrettchen
- Eine alte Windel, über eine Schüssel gespannt, lässt noch eine Mulde entstehen, auf der die Kugel zum Bearbeiten ruhen kann, ohne anzuecken
- Leicht feuchte Tücher zum Abdecken des Objektes in einer Pause verhindern das Austrocknen; bei längeren Pausen die angefangene Kugel über dem Tuch mit Plastikfolie abdecken
- Nur im äußersten Bedarfsfall Wasser zum Anfeuchten der Hände anbieten, denn Kinder neigen zum freudigen Matschen. Zu viel Feuchtigkeit bekommt dem Ton nicht, er wird zu instabil.

Arbeitsplatz:

- Als Unterlage zum Arbeiten mit Ton braucht man trockene Holzplatten (Pressspan), es eignen sich auch alte Holzbrettchen aus der Küche.
- Brennöfen gibt es in den meisten Schulen, Volkshochschulen, auch in manchen Baumärkten mit Werkmaterialabteilungen.
- Halten Sie Waschgelegenheit, eine Handbürste und Handtücher bereit.

Erkundung der Materialeigenschaften

◉ Zunächst entdecken und studieren wir die unterschiedlichen Techniken der Herstellung an einem kleinen Modell. Wir formen den Ton zu kleinen, massiven Kugeln (Durchmesser max. 2 bis 3 cm), indem wir die Hände kreisförmig gegeneinander bewegen. Mit geschickt dosiertem Druck einer Hand kann dies auch auf einer glatten Holzunterlage gelingen. Jeder Teilnehmer entwickelt seine eigene Technik! Während des Gestaltens erfolgen durchaus assoziative Verknüpfungen zum Spiel mit der Kugel im Tuch: „Die Steinkugel habe ich auch in meinem Bauch gespürt", erinnert sich ein Schulkind bei der Arbeit.

Herstellung der kleinen, inneren Tonkugel

Kinder brauchen den Lernprozess, bei dem das Experimentieren, Entdecken, Erfahren am Anfang steht. Wiederholen, Differenzieren, Weiterentwickeln, Ausreizen und Automatisieren sind ebenso notwendig, um das Erforschte zu manifestieren, als Wissen, als Erkenntnis, als Erfahrung zu speichern.

◉ Zum Einstieg produzieren wir zunächst einmal eine Ansammlung verschieden kleiner und kleinster Kugeln und Kügelchen. Sie können nach dem Brennen im Ofen für Klang- oder Murmelspiele verwendet werden.

👁 Um eine Klangkugel, eine Tonrassel herzustellen, fertigen wir danach wiederum eine kleine Kugel, die wir später in eine größere Kugel als Klangerzeuger einbauen. Die Tonmasse wird in der Regel durch Drehen und langes Formen in den Händen so verdichtet, dass alle Lufteinschlüsse entweichen können. In dieser massiven Form können Kugeln bis zu einem Durchmesser von etwa 4 cm gebrannt werden.

Herstellung der großen Kugel

👁 Ist das kleine Exemplar einer Tonkugel zur eigenen Zufriedenheit gelungen, wagen wir uns an eine große Kugel. Sie kann nicht massiv hergestellt werden, da sie beim Brennen platzen würde. Um eine lederhart getrocknete, kleine Kugel bauen wir eine Masse aus Zeitungspapierschnipseln, die in Kleister eingeweicht zu einer dicken Masse vermengt wurden. Es wird nur so viel Kleister verwendet, dass die Schnipsel zusammenhalten. Mit den Händen drücken und streichen wir die Masse rund um die Tonkugel, bis ein Ball aus Pappmaché entstanden ist, der in seinem Kern die kleine Tonkugel enthält. Sein Durchmesser sollte maximal 10 cm betragen.

👁 Während des Antrocknens bereiten wir 15 bis 20 mm starke viereckige Tonplättchen bis maximal 10 cm Länge vor, die anschließend auf die Oberfläche geschichtet werden und sich knapp überlappen, wie dies bei Schindeldächern der Fall ist. Die Technik kann vor dem Modellieren mit Latten aus der Bauecke oder mit Bierdeckeln veranschaulicht und ausprobiert werden. Die Stärke der Außenwand muss mit der Kugelgröße korrespondieren. Bei zu dünnen Wänden gehen die Tonkugeln im Spiel leicht zu Bruch!

👁 Gearbeitet wird zunächst auf dem Holzbrett, später auf dem über der Schüssel gespannten, vorbereiteten Tuch, um das Rund zu erreichen. Sobald die Oberfläche der Kugel ganz bedeckt ist, klopfen wir mit einem flachen und trockenen Holz die einzelnen Tonplättchen aufeinander, so dass sie fest und ohne sichtbare Nahtstellen miteinander verbunden sind. Ausdauerndes, vorsichtiges Klopfen, überprüfendes Betrachten und ehrgeiziges Verfolgen des Ziels einer „makellosen" Kugeloberfläche brauchen Zeit, Mut, Konsequenz und Geschick. Motivieren Sie die arbeitenden Personen. Wo sachliche Fehler auftreten, helfen Sie, Lösungen zu finden. Akzeptieren Sie das Endprodukt. Diese Kugeln sind nicht maschinell produziert und daher nicht perfekt. Auch Kugeln, die nicht vollständig rund sind, rollen, vor allem aber klingen sie!

Technische Hinweise:

Der Trockenprozess der kleinen Kugel dauert je nach Größe drei bis zehn Tage. Man sollte sie nicht in sehr warmen Räumen oder in der Sonne trocknen lassen. Als Klangkugel verwenden Sie entweder eine bereits fertige, oder (sehr vorsichtig!) eine lederharte Tonkugel.

Den Papierball lassen wir ein bis drei Tage antrocknen. Um den Papierball wird ein Gürtel, etwa 2 cm dick, aus locker geknülltem, *nicht* in Kleister eingeweichtem Seidenpapierbogen gelegt, damit die Tonoberfläche nicht einreißt: Tonmasse schwindet beim Trocknen, da das Wasser entweicht, und der Umfang wird kleiner. Daher braucht die Kugel ein flexibles „Polster", um sich zusammenziehen zu können.

Die Trockenzeit der Klangkugel beträgt mindestens vier Wochen, denn auch das feuchte Papier innen muss trocknen.

Ein eventuelles Glasieren der Kugel sollten Sie selbst übernehmen oder einer fachkundigen Person anvertrauen.

Probieren Sie in jedem Fall zuerst selbst Kugeln verschiedener Größe oder eine Klangkugel aus, um eigene Erfahrungen zu sammeln.

Erst löchern, dann trocknen, dann brennen

👁 Noch klingt die Tonkugel nicht, und die Kinder wissen und formulieren auch, warum das so ist. Zum Trocknen legen sie den Ball auf ein Tuch, das locker über eine Schüssel gespannt ist. So vermeidet man Druckstellen an der Tonkugel während des Trocknens. Während des langsamen Trocknungsprozesses saugt der Ton das Wasser aus dem Zeitungspapier auf und trocknet dann selbst. Das Papier verbrennt später während des Brennens. Damit die Kugel beim Brennen nicht platzt, braucht sie einen kleinen „Kamin". Mit einem Rundstäbchen wird im noch nassen Zustand vorsichtig ein Loch von 2 bis 3 mm Durchmesser bis zum Papier in die Kugel gestochen, den mit herausgezogenen Ton verstreichen wir nach außen hin. Nach der Trockenzeit kann die Kugel im Ofen gebrannt werden.

Tönen durch Bewegen

Ist nach der langen Trockenzeit und beim Brennen alles gut verlaufen, können wir endlich mit dem Experimentieren und Wahrnehmen beginnen. Der sachgemäße Umgang mit der selbst geschaffenen Klangkugel ergibt sich meist von selbst. Beim Fertigen der Kugel, bei der Bewältigung von Problemen, in der Freude am Gestalten ist eine Beziehung zu dem Material entstanden, die einen verantwortlichen Umgang einschließt.

Die Tonkugel kann auf verschiedenste Weise bewegt werden:

- 👁 auf dem Fußboden mit Händen, Ellbogen und anderen Körperteilen
- 👁 auf einer schiefen Ebene
- 👁 in einem Reifen
- 👁 auf dem Körper
- 👁 durch Trudeln und Drehen um die eigene Achse

Die Tonkugel tönt

- 👁 durch Schütteln und Rütteln
- 👁 beim Rollen
- 👁 beim Drehen und Kreisen

Plastisches Gestalten mit Ton ist für Schulkinder, Jugendliche und ebenso für Erwachsene ein wichtiges Training der Feinmotorik, des räumlichen Denkens und der Vorstellung für benötigtes Volumen. Bei der bildnerischen Arbeit mit dem Ton erhalten in der Fantasie vorhandene Bilder Gestalt, Gefühle werden aktiviert und es gilt, die motorischen Bewegungsabläufe sachgerecht zu steuern. Ungewöhnlich in diesem Beispiel ist das festgelegte Produkt, die Kugel. Form und Gestalt lassen keine Eigenkreativität zu. Eine Kugel ist eine Kugel. Jedoch die Auseinandersetzung mit statischen Problemen erfordern Kreativität, Eigenständigkeit, Durchhaltevermögen und Kooperationsbereitschaft, um entsprechende Lösungen zu finden.

Mozart im Luftballon

Mein Luftballon wächst und schwebt

- 👁 Die Kinder sitzen im Kreis und der Erwachsene bläst pantomimisch einen Luftballon auf. Er zupft den Gummi auseinander, um ihn zu weiten, führt den Schaft zum Mund. Tiefes Einatmen und Reinblasen in die imaginäre, von drei Fingern gehaltene Öffnung. Nichts geht. Nochmals tief Luft holen und hineinblasen. Da! Jetzt strömt die Luft hörbar hinein und der Ballon wird sichtbar größer. Das ist deutlich an der zweiten Hand abzulesen, welche das zunehmende Wachsen des Ballons begleitet und anzeigt. Das Gesicht färbt sich rot beim Blasen, die Augen weiten sich, Blas- und Prustgeräusche verdeutlichen die Anstrengung. Nach der kritischen Abschätzung der Größe und Flexibilität des Materials folgt die schwierigste Phase. Das Verknoten ist auch in der Realität oft ein Geschicklichkeitstest und erfordert in der pantomimischen Darstellung fantasievolle Vorstellungskraft und Umsetzung. Endlich ist

der Luftballon dicht. Ein großer, vielleicht gelber, blauer, roter Ballon ist
fertig!

👁 Die Kinder drehen sich mit dem Rücken zur Kreismitte und pusten ihren
eigenen Ballon pantomimisch auf. Sind alle Luftballons fertig und in
ihrer Farbe beschrieben, so lassen wir sie auch pantomimisch kurze
Zeit zu Mozarts Serenade Nr. 13, „Eine kleine Nachtmusik" (*Klassik Hits
für Kids*, siehe Musikhinweise s. 163) tanzen. Besonders geeignet ist
der zweite Satz, die Romanze Andante. Die Impulse aus der Musik zum
Anstoßen der Luftballons geben genügend zeitlichen Raum zum Fliegen lassen zwischen dem wiederholten Antippen des Ballons.

Wiederholung und Weiterführung

Danach erhalten die Kinder fertig aufgeblasene Ballons und die Musik startet
erneut. Mit vielen Körperteilen können die Luftballons hochgeschubst werden:

- 👁 mit verschiedenen Fingern
- 👁 mit der Handinnen- oder -außenfläche
- 👁 mit dem Handballen und Unterarm
- 👁 mit Ellbogen und Schulter
- 👁 mit Knie und Ferse, den Zehenspitzen
- 👁 mit Nase und Stirn

Der Ballon kann auf dem Körper ruhen oder gleiten:

- 👁 auf Nase, Stirn und Kopf
- 👁 auf der Schulter, auf dem Rücken
- 👁 auf dem Knie oder dem Fuß
- 👁 von der Hand bis zur Schulter rollen
- 👁 auf beiden Unterarmen
- 👁 auf dem Rücken
- 👁 auf dem Brustkorb

Verzauberte Welt

Einstimmung

Der Erwachsene stimmt die Gruppe ein: „Wenn wir uns morgens aus dem
Fenster sehen oder uns auf den Weg in den Kindergarten machen, können wir
die Landschaft in den zarten Farben des Morgens bestaunen: Pastellfarben
tauchen den Horizont in blasses Blau, Gelb und Rot. Die Linien der Begrenzung
zeichnen sich noch nicht klar ab, verwischen. Leicht verschleiert wirken die
Grüntöne der Hügel und Wiesen, der dunkleren Wälder. Kaum vorhandene
Schatten verhindern das Hervortreten einzelner Erhebungen. Die Natur wirkt
wie ein weiches, ineinander fließendes Aquarell. Hören wir aus den Farben
Töne? Wie klingt das türkisfarbene Blau des Himmels, die orangeroten Streifen

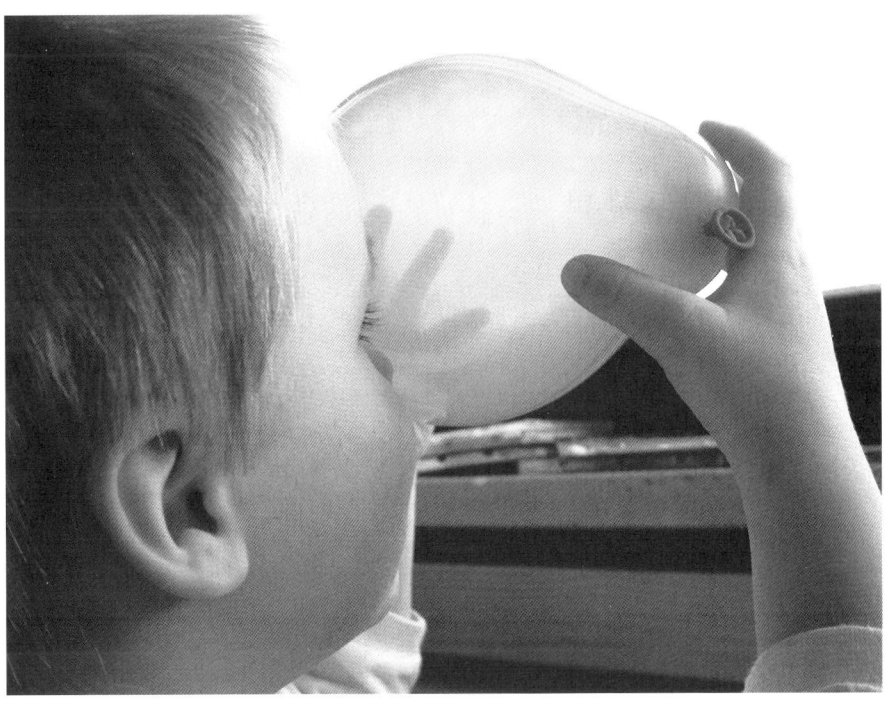

der Morgenröte, die dunklen Berge am Horizont? Wie klirrt eine bizarr gefrorene Winterlandschaft mit den kristallüberzogenen Bäumen? Wie tönt die Weite der schneebedeckten Wiesen und Felder?"

Mit dem Ballon sehen, hören, fühlen

- 👁 Wenn wir nun durch den Luftballon schauen, verfärbt sich unsere Umgebung. Sehen wir den Spielgarten, den Turnraum usw. nur noch in der Farbe des Ballons? Die Kinder berichten, was sie verändert sehen.
- 👁 Wie zufällig spüren sie beim Reden die Vibration der Gummihaut durch die von der inneren Luft übertragenen Schwingungen der Stimme. Die Kinder erleben hautnah das Phänomen der *Resonanz,* übersetzt: zurücktönen. Beim genauen Hinhören entdecken wir, dass sich der Klang der Sprache im Ballon verändert hat. Hörerlebnisse sind immer auch Fühlerlebnisse. Der Luftballon verzaubert die Umwelt nicht nur farblich. Er verwandelt sie in einen neuen Klangraum.
- 👁 Erforschen Sie gemeinsam, was es noch zu entdecken gibt. Verbalisieren und wiederholen Sie in der Gruppe, was einzelne Kinder herausfinden.

Leicht und schwebend

Wahrnehmen mit allen Sinnen ist die Grundlage allen Anwendens, des Ausdrucks und Gestaltens. Ausschließlich das Lernen aus eigener Erfahrung lässt schrittweise auch Differenzierungsprozesse zu. Das Spiel mit dem luftleichten Ballon, die Verbindung von Bewegung und einer leichten, scheinbar zum Schweben motivierenden Musik sensibilisiert das Kind für neue Reize und macht den Weg frei für Fantasie und Kreativität. Aus bereits vorhandenen Erfahrungen kann Neues abgeleitet, noch nicht Bekanntes entdeckt, Gewohntes verändert und umgestaltet werden. Die Erlebnisse und ganzheitliche Erfahrungen mit leichter Musik und luftigem Material nützen wir für das anschließende kreative Gestalten mit Tonmasse.

Vom inneren Bild zur Gestalt

Material und Musik

Im Keramikbedarf-Fachhandel erhalten Sie Modelliermasse, grob schamottiert. Dieser Ton verzeiht ebenso wie die Modelliermasse *Paperclay* mehr „Fehler" von Lufteinschlüssen und erlaubt in größerem Maße Spannungen zwischen fragilen Strukturen neben massiven Teilen.

Mit der Wahl der Musik greift der Erwachsene die kreative Bereitschaft und Gefühlssituation aus der vorangegangenen Rhythmiksequenz auf. Mozarts

Flöten- oder Violinkonzerte eignen sich ebenso wie Sätze aus der „Zauberflöte". Leise Musik im Hintergrund schafft Raum für innere Bildern, die in die handwerkliche Gestaltung einfließen.

Leichte Töne fließen in den Ton

◉ Das Kind erhält einen Klumpen Tonmasse. Es legt die feuchten Hände darauf und schließt die Augen. „Du spürst den feuchten, kalten Ton, du ertastest Kanten, Rundungen, erfühlst seine Form. Deine Finger und Hände entdecken Flächen, Unebenheiten, Rillen, Erhebungen. Was dir die Musik erzählt, können deine Hände in den Ton streichen, schieben, drücken, drehen. Haben deine Finger eine Ritze gefunden, können sie ihren Weg verfolgen und die Spalte vergrößern, eine Erhebung weiter herausziehen. Deine Finger erzählen dir, welches Gebilde die Musik entstehen lässt."

Mit dieser Methode ermöglichen Sie dem Kind, sich ohne konkrete Vorstellung von einem fertigen Produkt auf das Gestalten einzulassen. Der Entdeckungslust und Neugier folgen Mut und Experimentierbereitschaft. In diesem Schaffensprozess entstehen nicht zwangsweise Schüsselchen, Tiere oder andere vorgegebene Ergebnisse. Bei den entstehenden abstrakten Skulpturen kann das Kind nach dem Öffnen der Augen seine eigenen Interpretationen zulassen, sein Thema erkennen und daran mit Fantasie weiterarbeiten.

Wird diese Methode des keramischen Gestaltens wiederholt angewendet, finden sich die Teilnehmer zunehmend in ihren eigenen Rhythmus des Schaffens ein. Sie wissen um die Freiheit des bildhaften Gestaltens ohne erwartetes Ergebnis und ohne Leistungsdruck und schätzen das experimentelle Vorgehen dieser Methode.

Würdigung des kreativen Schaffens

Während des Arbeitens teilen die Kinder bereits gerne mit, was sie in ihren Skulpturen sehen. Auch hier ist eine nicht am

Ergebnis orientierte pädagogische Haltung des Erwachsenen wegweisend für das weitere kreative Verhalten des Kindes. Während *Lob* auf ein Endprodukt gerichtet ist, verweisen Begriffe wie *Annehmen, Anerkennen, Bestätigen, Sich-Einlassen* auf die Würdigung des kreativen Schaffensprozesses und der ganzen Person.

Weiterverarbeitung

Sollen die Werkstücke gebrannt werden, müssen sie zuvor ausgehöhlt werden, wobei die Wandstärke gleichmäßig dick sein sollte. Helfen Sie dem Kind, wo und soweit es notwendig ist. Geschlossene, hohle Formen müssen mit einem Luftloch versehen werden, damit die heiße Luft beim Brennen entweichen kann. Andernfalls platzt die Skulptur.

Blues in Bauch und Beinen

Der Blues „fährt" in die Beine

Kinder wachsen in unterschiedlichen Musikumgebungen auf. Die Gepflogenheiten und Stilrichtungen ihrer Kultur prägen sie von früher Kindheit an wie eine Art Muttersprache. Dadurch entwickeln sie ihre Vorstellungen von Musik, Rhythmus, Klang, Melodien. Eine große Offenheit zeichnet das Kind in seiner Anlage aus. So lieben sie jede Art von Musik, die sie in Bewegung versetzt, auch den *Blues*. Er „fährt" nahezu allen Menschen in Bauch und Beine. Geben Sie den Kindern ein Material wie Bänder, Tücher oder Seile in die Hand. Das Material übernimmt eine Mittlerfunktion in der Körpersprache. Die Konzentration des Tänzers liegt auf dem Einklang von Musik und Bewegung des Materials und nicht auf den eigenen tänzerischen Fähigkeiten. So kann er sich auf intensiveres Wahrnehmen von Rhythmus, Melodie und Klang einlassen. (*Musikhinweis:* Bei Kindern besonders beliebt sind Bluesstücke, gespielt von Chris Barber und Dick Smith.)

Der experimentelle Weg zur Tanzform

Das Tanzen gehört zum ästhetischen Bereich der Bewegungserziehung und somit auch zur Rhythmik. Dieses Angebot ist bestrebt, die physischen, affektiven und intellektuellen Fähigkeiten des Menschen zum Ausdruck und zu kreativer Entfaltung zu bringen. Die Hinführung auf eine gemeinsame Tanzform kann sowohl in der methodischen Vermittlung vorgegebener Tanzschritte, Bewegungsabläufe und Raumformen geschehen, als auch in der gemeinsamen, experimentellen Entwicklung eigenständiger Formen. In der Rhythmik bevorzuge ich den experimentellen Weg, da er ein intensiveres Wahrnehmen von Musik in Klang, Raum, Zeit und Form und die Umsetzung in kreative Bewegungsabläufe ermöglicht. Die Chancen von Motivation und Bestätigung für Menschen, die sich nicht zu „begabten" Tänzern zählen, sind bei dieser pädagogischen Vorgehensweise höher.

Methodisches Vorgehen

Das methodische Geschick des Erwachsenen wird Phasen freien Ausprobierens und gemeinsames Wiederholen einzelner Motive mit den zeitlichen Intervallen der Musik in Einklang bringen. Für Gruppenaktionen bieten sich Kreisform oder Reihe an, die freie Bewegung im Raum eignet sich für Einzel- oder Partnerinterpretationen. Das Material in der Hand der Teilnehmer/innen kann eine Führungsrolle in der Bewegungsabfolge übernehmen. Eine Choreografie entwickelt sich gemeinsam aus der schrittweise Zusammensetzung einzelner Elemente. Sich immer wiederholende Raumformen gliedern den systematisch entwickelten Ablauf.

Die Möglichkeit, sich als Person in der Gruppe und hinter dem Material etwas „verstecken" zu können, stärkt auch bei weniger begabten Menschen den Mut, sich auf eine freie, befreiende Bewegung einzulassen.

Der Blues „fährt" in den Ton

👁 Mit dem Blues in Ohr und Bauch sitzen wir vor einem massiven Tonblock. Viel Masse ist notwendig, um die Dynamik der Musik herausarbeiten zu können. Wir beginnen wie vorher schon beschrieben mit geschlossenen Augen, die Hände ertasten das Material in seinen Eigenschaften, fühlen den Tonklotz in seiner Form und Struktur.

Motivieren Sie die Teilnehmer/innen zum kräftigen Arbeiten, aber auch dazu, die leisen Töne beim Modellieren umzusetzen. In der Regel ist der Blues die Musik, welche die dynamische Bewegung intensiv in Spannung und Entspannung sichtbar werden lässt. Linien und Formen spiegeln Charakter und Struktur der Musik wider. Die Erfahrung zeigt, dass diese Art von Musik den affektiven Bereich im Menschen stark anspricht und die Thematik der entstehenden inneren Bilder weitgehend bestimmt. Beim Gestalten entstehen in den meisten Fällen menschliche Skulpturen, die durch intensive Bewegung in Haltung und Ausdruck charakterisiert sind.

Ein Wechsel zwischen der Ausführung mit geschlossenen und offenen Augen motiviert erneut zu differenziertem Ausdruck und Gestalten. Mut und Entschlusskraft stärken sich in den bereits vorhandenen Bewegungslinien und -formen. Sie stabilisieren sich, indem nachgespürt, noch einmal vollzogen und intensiviert wird. Der Blues ist in der Skulptur und macht sie so lebendig, wie auch die Musik in mir Lebendigkeit von Körper, Seele und Geist erzeugt.

Afrikanisches Profil

Z. steht vor meinem Regal und betrachtet vertieft eine Skulptur. „Das hast du gemacht, wirklich?" Nach einer Zeit des intensiven Betrachtens bemerkt er staunend: „So etwas möchte ich auch mal machen!" Doch gleich danach schränkt er ein: „Ich kann das nicht. Das habe ich noch nie gemacht. Es ist so professionell!" – Wir haben es schließlich zusammen ausprobiert. Und es hat funktioniert!

Z. erhält ein Stück Ton auf sein Brett. Er stöpselt sich den Walkman in die Ohren mit einer Musik seines Heimatlandes (Kapverdische Inseln) von Boy Gé Mendes. Mit nassen Händen umfasst er den Klumpen Ton und bewegt sich erst mal gar nicht. Mit der Zeit beginnen die Handflächen auf- und abzugleiten und die Finger fangen vorsichtig zu spielen an, suchen Vertiefungen, verstärken sie. Mutig drückt Z. mit dem Handballen und hält mit der anderen Hand dagegen. So experimentiert er eine ganze Zeit, wird vertraut mit der Elastizität des Materials, lässt sein Fantasiebild wachsen. Schließlich öffnet er die Augen und drückt den Ton zu einer dicken Platte auf sein Brett. Jetzt weiß er offenkundig, was er will. Wir reden nicht. Er beginnt mit der Gestaltung eines afrikanischen Profils. Stirn, Nase, Kinn, Auge, Hinterkopf und Halsansatz entstehen. Doch er ist unzufrieden. Das Gesicht wirkt sehr platt. Verzweifelt schaut er mich an. Ich bitte ihn, seine Hände zu waschen. Mein Gesicht halte ich im Profil zu ihm: „Streiche mit Deinen Fingerspitzen über Stirn, Augenbrauen, Augen, Wangen, Nasenansatz, Kinn. Was spürst du?" „Haut", ist die Antwort. „Dann schließe bitte die Augen und wiederhole diesen Weg." Er verweilt besonders lange an der Nasenwurzel, an den Wangenknochen, am Ansatz der Oberlippe unter der Nase. „Jetzt weiß ich es", ruft er plötzlich und beginnt sofort, an den entsprechenden Stellen des Profils Volumen aufzubauen. Ein paar wenige technische Hinweise zum Verstreichen der Masse genügen. Lange ist er beschäftigt. Ab und zu betrachtet er mich intensiv von der Seite. Das afrikanische Profil erhält Gestalt, Charakter und Ausdruck. Mit den Ohren hat Z. noch Probleme. Da ich gleichzeitig arbeite und mein Ohr nicht immer zu seiner Verfügung steht, nimmt er ein Foto und betrachtet intensiv das abgebildete Ohr.

Zwei Abende hat Z. mit Musik im Ohr gearbeitet, studiert, mit neuem Blick mein Gesicht erkundet, das Entdeckte übertragen. Das Foto zeigt, was dabei herausgekommen ist – wirklich „professionell"!

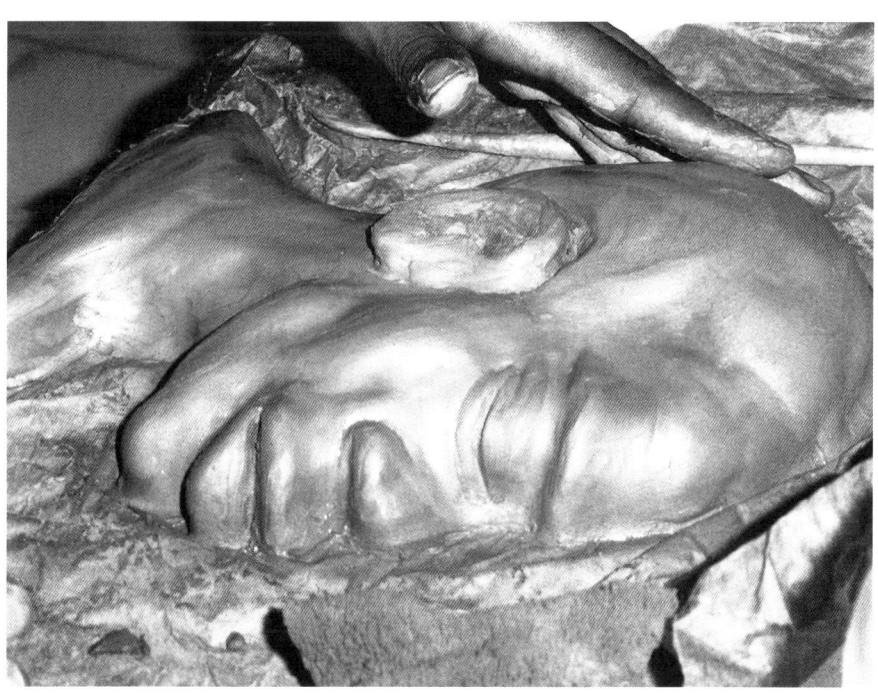

Handwerkliche Notwendigkeiten

Meist ist es nötig, die Tonarbeit auszuhöhlen, um ein Platzen beim Brennen zu verhindern. Dabei kann man auf zwei Arten vorgehen:

- Das Werkstück wird bis zum lederharten Zustand der Oberfläche getrocknet (durch Nicht-Abdecken beim Trocknen oder durch Föhnen). Anschließend kann das Objekt von unten her problemlos mit einer Töpferschlinge ausgehöhlt werden.
- Sie schneiden die Arbeit in noch feuchtem Zustand in der Mitte quer oder der Länge nach mit dem Ziehdraht durch, höhlen die beiden Teile aus, ohne die Schnittstelle in ihrer Form zu verändern. Legen Sie die gerade nicht bearbeitete Hälfte auf eine dicke Schaumstoffunterlage, damit die Oberflächengestaltung nicht zerstört wird. Vor dem Zusammenfügen müssen die Schnittflächen mit „Schlicker" eingestrichen werden, dann pressen Sie sie fest aufeinander. Die Nähte werden sorgsam und tief miteinander verbunden und verstrichen.

Sich durchsetzen können

G. geht in unserem Seminar zu Musik um Reifen, die im Raum verteilt sind. „Geht euren eigenen Weg, führt ihn so durch, wie ihr ihn euch vorgenommen habt." G. weicht höflich allen aus, die ihr entgegenkommen. „Sucht eine Lösung, dass ihr ausweichen könnt, aber eure Strecke nicht verlassen müsst", heißt der nächste Impuls. G. findet ihren Aus-Weg durch Rückwärtsgehen, Am-Platz-Weitergehen. Dann aber zeigt ihre Körperhaltung Entschlussfreudigkeit. Sie marschiert zielstrebig und selbstbewusst ihren Weg. Jetzt weichen in fast allen Situationen die anderen Teilnehmer aus. G. schreitet beharrlich ihre Bahn. G. ist stolz und aufgewühlt zugleich. „Das ist das erste Mal in meinem Leben, dass ich mich so durchsetzen kann. Noch nie habe ich das geschafft!" Entspannung ist notwendig. Alle bewegen sich mit Tüchern zu heiterer Renaissance-Musik aus Italien im Raum. Als Einzige begibt sich G. mit ihren Seidentüchern ins Freie und lässt sie zur Musik im Wind fliegen. Wenige Bewegungsimpulse sind nötig, aber viele Gedanken fließen hinein und in die Weite der Umgebung. G. kann ihren „Erfolg" nun annehmen.

In den nächsten Tagen arbeiten wir mit Ton. G. ist die erste Frau, die beim Anblick des Materials verkündet „Das kann ich nicht. Das habe ich noch nie gemacht. Da wird ja was Schreckliches dabei herauskommen!" Sie ist irritiert. Mein Versprechen, dass sie ihr Objekt anschließend sofort wieder vernichten darf, wenn sie es will, gibt ihr Zuversicht.

Wir „malen" in der Gruppe mit einem großen, blauen Seidentuch die angebotene Musik in den Raum. Das gemeinsame Erleben und spielerische Wiedergeben über das Material fördert G.'s Mut, mit den anderen anschließend den Tonbatzen mit nassen Händen zu umschließen.

Die Wiederholung der Musik, die die vorangegangene Übung begleitete, ruft das „gute Zusammengehörigkeitsgefühl" von vorher in Erinnerung. Die Impulse aus der Musik kann G. nun über ihre Hände in das Material leiten. G. arbeitet noch zaghaft, streicht, drückt oder schiebt nur vorsichtig. Als sie aufschaut, klopft sie mit der Faust sofort wieder alles lautstark zu einem Klumpen. Sie gönnt sich eine Pause, beobachtet die anderen Teilnehmer.

Dann entschließt sie sich zu einem neuen Beginn. Vielleicht ist es die noch frische Erfahrung des Sich-Durchsetzen-Könnens, möglicherweise auch die Sicherheit, dass dies „Ergebnis" nicht für die Nachwelt erhalten werden muss. G. lässt sich anders ein auf die Musik, überträgt entschlossener ihre Empfindungen in das Material und ist am Ende zufriedener mit dem, was vor ihr liegt. In der Mittagspause will sie es ganz alleine noch einmal ausprobieren.

Der ganze Körper schwebt

Ein Federchen flog über Land,
ein Nilpferd schlummerte im Sand.
Die Feder sprach: Ich will es wecken,
sie liebte andere zu necken.
Auf's Nilpferd setzte sich die Feder
Und streichelte sein dickes Leder.
Das Nilpferd öffnete den Rachen
Und musste ungeheuer lachen.

Joachim Ringelnatz

Leicht wie eine Feder

Materialeigenschaften

Sonja und Lena, beide vierzehn Jahre alt, beschreiben die Feder und was sie beim Experimentieren erleben: „Die Feder ist weiß. Nie liegt sie ganz ruhig, beim leisesten Lufthauch bewegt sich ein Teil ihres Flaums, der aus scheinbar wahllos ineinander verzweigten, feinsten Härchen entsteht. Die Feder steht da auf ihrer Kielspitze wie ein weißer Lärchenbaum. Ein bisschen majestätisch, stark, und trotzdem so weich und zart. Auf mich wirkt sie weise", sagt Sonja. „Die Feder öffnet sich nach allen Richtungen, und doch hat sie ihre Mitte im Kiel. Aus diesem Federkiel entspringen die unzählig vielen Haare, sehr geordnet nach rechts und links, wiederum besetzt mit Milliarden kleiner Härchen. Ober- und Unterseite des Kiels sind glatt und glänzend weiß. Der feste Kiel verjüngt sich nach oben hin, wird weicher und flexibler und endet wie ein Palmwedel."
„Streicht die Feder über die Handinnenfläche, ist nichts zu spüren. Erst zu den Fingerspitzen hin wird die Haut sensibler. Dafür ist die Oberhand umso empfindsamer für den zarten Flaum, ebenso die Ellenbeuge, der Hals, die Wange. Wenn ich die Feder selbst führe, empfinde ich das Gefühl als Streicheln. Tut es jemand anders, kitzelt es mich. Drehe ich den Kiel über meinem Unterarm, so spüre ich die Wärme in der Feder, obwohl sie doch so viel Luft durchlässt! Denn abgesehen vom Kiel ist sie fast durchsichtig. Liegt sie eine Zeit auf meiner Haut, wärmt sie mehr und mehr. Sie sieht so zart aus", sagt Lena. „Ich fühle mich immer leichter und leichter werdend. Obwohl die Feder ständig in Bewegung

ist, strahlt sie trotzdem Ruhe und Sanftheit aus. Lasse ich sie los, schwebt sie wie eine Schneeflocke langsam zu Boden. Manchmal kommt sie auch ein bisschen ins Schaukeln und ich kann sie mit meiner Atemluft wieder nach oben blasen. Ich wäre gerne auch so leicht ...", sagt Sonja.

Wahrnehmen und Beschreiben

- Nach einer freien Bewegungsphase zu Musik sitzen die Kinder um ein großes, blau glänzendes Tuch. „Ihr schließt bitte die Augen oder haltet sie mit den Händen zu. Dann lasse ich einige Dinge auf das Tuch fallen und ihr sagt mir bitte, was ihr hört." Ich lasse viele Federn auf das Tuch sinken und trete dann zurück mit den Worten „Ich bin fertig!" „Du hast ja nichts fallen lassen! – Da war doch nichts. – Ich habe nichts gehört!" Nun dürfen alle die Augen öffnen, sofern dies nicht ohnehin schon spontan geschehen ist.
- Die leuchtenden Farben der Federn, rot, orange, gelb, grün, blau, türkis, bestechen in ihrem Anblick und bannen die Aufmerksamkeit. Wenn jedes Kind eine Feder in der Hand hält, kehren wir sogleich zur bewussten Wahrnehmung zurück und entdecken: Die Feder ist leicht, schwerelos, weich, zart, sanft, flauschig, wärmend, durchsichtig im Flaum.

Wie schon erläutert, ist Wahrnehmung das Aufnehmen und Verarbeiten von Sinnesreizen. Um eine Interaktion zwischen dem Kind und den Federn zuzulassen, genügt es nicht, wenn die Kinder nur sehen und betrachten. „Es ist unabdingbar wichtig für die Entwicklung eines Kindes in der Phase des anschaulich-logischen Denkens, dass es handelnd Erfahrungen sammeln kann." (Hoffmann-Muischneek 1994: 23) Begreifen geschieht über das taktile „Sehen", mehr noch, über taktil-kinästhetische Wahrnehmung der Gesamtheit der Tast- und Bewegungsempfindungen des eigenen Körpers.

Begrifflichkeiten mit allen Sinnen erfühlen

- Den ursächlichen Begriff von *zart, weich, flauschig* und *wärmend* erfahren die Kinder, indem sie sich selbst streicheln, über Hand, Finger, Arme, Gesicht, Beine streichen. Erproben sie dies im Partnerspiel, erleben sie bei sich und dem anderen, dass Streicheln zu Kitzeln werden kann. Die Wahrnehmung meldet unterschiedliche Botschaften zurück, wenn das Gehirn die Bewegung selbst ausführt und die Sinne bereit sind, eine solche zarte Berührung zuzulassen, oder wenn ein Partner dies tut.
- Ein Kind wiederholt den oben beschriebenen Vorgang auf dem blauen Tuch und lässt eine Feder niedersinken. Nichts ist zu hören, kein Ton, kein Laut. Stärker noch erleben die Kinder die charakteristischen Eigen-

schaften des Materials, wenn sie ihre Feder auf einen Körperteil sinken lassen. Sie spüren die Berührung, aber kein Gewicht. Die Begriffe *leicht* und *schwerelos* können mit Verben wie *schweben, sinken, fliegen* in Verbindung gebracht werden.

Auflockerung durch Bewegung

👁 Nach längerem Sitzen und vorwiegend feinmotorischen Bewegungen mit intensiven Beobachtungen dient eine großmotorische Bewegungsphase im Raum der Auflockerung und Entspannung und lässt bei den Kindern die innere Bereitschaft für neue Eindrücke wachsen. Um ihre Federn nicht zu verlieren, findet jedes Kind seine individuelle Lösung: am Kiel festhalten, in beiden hohlen Handflächen bewahren oder hinter das Ohr stecken. Die Musik zu unterschiedlichen Bewegungsarten spielt der Erwachsene auf einer Trommel, einem Xylophon oder einem Melodieinstrument. Am Ende der Sequenz beobachten wir stehend, wie die Feder fällt: Sie *schwebt, segelt, fliegt, schaukelt* und *wippt, tänzelt*.

Selbst Feder sein

„Nur über den taktil-kinästhetischen Sinn, der im Gegensatz zu den Fernsinnen Sehen und Hören ein Nahsinn ist, nur über diesen Sinn können wir in die Wirklichkeit verändernd eingreifen, erfahren wir Aktion und Reaktion, Ursache und Wirkung." (Hoffmann-Muischneek 1994: 22) Jeder beobachtet seine Feder im Fallen. Mit den Händen begleiten wir die Bewegung, versuchen sie exakt nachzuvollziehen.

👁 Im nächsten Fallen begleiten wir unsere Hände mit der Stimme. Die Töne klingen in Charakter und Dauer wie die Feder.

👁 „Du bist selbst eine Feder und begleitest die kleine Feder mit deinen Händen, der Stimme und deinem ganzen Körper." In der Wiederholung dieser Sequenz erfährt das Kind auf ganzheitliche Weise die Leichtigkeit des Materials in seinem Körper. In seiner Vorstellung ist es tatsächlich eine Feder, es übernimmt ihre Eigenschaften. Seine Fantasievorstellungen, Erinnerungen und Erfahrungen kommen in seinem Bewegungsverhalten zum Ausdruck.

Es gibt noch mehr Details zu entdecken!

Um noch weitere Details in Erfahrung zu bringen, erhalten die Kinder eine Lupe und sowohl einen dunklen als auch einen hellen Hintergrund für weitere Beobachtungen.

- Oben und unten ist der Kiel in seiner ganzen Länge glatt, glänzend, stabil und doch flexibel, am unteren Ende spitz, nach oben hin verjüngt und weicher.
- Die Federhaare entspringen, gleichmäßig angeordnet, an den beiden Seiten des Kiels, an jedem Haar entsprießen seitlich wieder viele, viele kleine Härchen.
- Etwas entfernt vom Kiel mischen sich diese durch Bewegung untereinander zum Flaum.
- Verdichtet sich der Flaum, verändert sich auch die Farbe. Sie verdunkelt sich.

Selbst schwingende Federhärchen sein

Nach den vorwiegend visuellen Betrachtungen ist es nun spannend zu beobachten, ob die Kinder ihre mit dem Material gesammelten Beobachtungen und Erlebnisse verinnerlichen und sie jetzt auszudrücken vermögen: „Könnt ihr euch in eine Feder verwandeln? Leicht, zart und schwerelos sein, wie die Feder?"

- Die realen Federn bleiben am Boden liegen und die Kinder bewegen sich selbst wie Federn nahezu schwebend um sie herum. Die Musik *Scheherezade* von Robert Schumann (auf der CD *Klassik Hits für Kids*) unterstützt die ganzkörperliche Bewegung und die Emotionen. Freude steht in den Gesichtern und kommt in erhobenen, ausgebreiteten

Armen, in der leichtfüßigen Fortbewegung auf Zehenspitzen, im Drehen und Schaukeln des Körpers zum Ausdruck. Eine mehrfache Wiederholung der Sequenzen ist sinnvoll zum Einhören in die Musik, zur Differenzierung und Sicherheit des motorischen Ausdrucks und zum vielseitigen Umsetzen der Entdeckungen.

👁 Bleiben die Federn wirklich liegen? Durch die Luftbewegung, die entsteht, fliegen die Federchen von ihren Plätzen hoch. Dies beobachten und verbalisieren die Kinder mit Vergnügen.

Feder und Kind schwingen

Zu der Musik *Scheherezade* von Robert Schumann bewegen sich die Kinder frei im Raum, zusammen mit ihren Federn. Die Musik dauert knapp drei Minuten, lange genug für ein intensives Sich-Einlassen und Ausprobieren motorischer Umsetzungsmöglichkeiten.
Die Federn lassen sich

👁 auf die Hand, oben oder innen legen,

👁 auf dem Arm, der Schulter, dem Kopf tragen,

👁 vorsichtig zwischen die Finger klemmen oder an anderen Körperteilen befestigen,

👁 hinters Ohr stecken,

👁 auf die Brust legen und vom Bewegungswind andrücken.

Schwingen am Kiel

👁 Ein langer Bambusstab oder mehrere aneinander gereihte Gymnastikstangen liegen in der Diagonale des Raums auf dem Boden. Alle Federn werden vorerst beiseite gelegt. Wir stellen uns rechts und links von dem „Kiel", mit genügend Abstand voneinander. Wir stehen fest am Boden, so wie die Haare der Feder aus dem Kiel entspringen. Zur Musik von Schumann bewegt sich der Körper in weichen, fließenden Bewegungen. Bei dieser Übung trainieren die Kinder ihr Gleichgewicht, ohne dass dies als Aufgabenstellung ausdrücklich formuliert wird oder die Kinder gezielt angeleitet werden. Allein die Vorstellung, ein Federhaar zu sein, ist der Impuls für die motorische Umsetzung.

Die Feder tanzt im Tuch

Partnerspiele fördern soziale Kompetenzen
Der Schwerpunkt Rhythmischer Erziehung liegt darauf, Spiel-, Experimentier- und Handlungsräume zu schaffen und damit neue Erfahrungen zu ermögli-

chen. In diesem Prozess muss sich jeder Mensch als Individuum, als eigenständig handelnde Persönlichkeit erleben können. Andererseits müssen wir auch erkennen, dass wir in ein kulturelles und soziales Gefüge eingebunden sind, welches die Chance zum gegenseitigen Geben und Nehmen bietet und uns zu Gemeinschaftssinn verpflichtet. Lernen ist nicht nur ein Wechselspiel von Körper und Geist, sondern auch von Geist und Seele. Sich selbst und andere einschätzen, gemeinsame Erfahrungen teilen und sich darüber miteinander freuen fördert „gelebte" Beziehungen. Anerkennung, Vertrauen, Hilfsbereitschaft, Rücksichtnahme sind Lebensqualitäten, die speziell im Partner- und Gruppenspiel erworben werden können.

- 👁 Die Hälfte der Kinder erhält während einer Bewegungsphase zu Musik im Vorübergehen ein Seidentuch. Die anderen Kinder suchen sich jeweils ein Kind mit Tuch aus. Die Partner spannen das Tuch zwischen sich und schließen die Augen. Der Erwachsene legt auf jedes Seidentuch eine Feder. Wir denken zurück an den Beginn der Rhythmiksequenz, die geräuschlos und schwerelos fallenden Federn auf dem großen, blauen Tuch und rufen uns diese Erfahrung in Erinnerung.

Eine ruhige, fließende Musik begleitet den Impuls: „Lasst eure Feder zur Musik tanzen." Es gilt, Musik und Bewegung miteinander in Einklang zu bringen. Die Koordinationsleistung liegt darin, auf die Bewegung der Feder zu reagieren und wiederum alleine oder gemeinsam aktive Anstöße zu geben. Die Feder kann auf dem Tuch

- 👁 liegend hoch und nieder bewegt werden,
- 👁 hin und her geschwungen werden,
- 👁 über das Tuch hinausfliegen und wieder aufgefangen werden,
- 👁 auf dem Seidentuch rutschen,
- 👁 mit zusammengehaltenen Eckzipfeln versteckt und auf dem wieder blitzschnell gespannten Tuch hochgewirbelt werden,
- 👁 hochfliegen und mit dem Tuch im schwebenden Niedersinken eingefangen werden.

Vielfältige Lernerfahrungen ohne Leistungsdruck
Das Spektrum der Ziele reicht bei dieser Übung vom Einüben sozialen Verhaltens, über körperlich-geistige Erfahrungen bis hin zu musisch-kreativen Fähigkeiten: Einfühlungsvermögen, Rücksichtnahme, Verantwortungs- und Kooperationsfähigkeit, Wahrnehmungs- und Reaktionsvermögen, körperliche Geschicklichkeit, Ausdauer und Konzentrationsfähigkeit seien als einige Beispiele genannt. Doch an erster Stelle stehen Lust und Freude, Spaß und Gemeinschaftsgefühl.

In dieser freien, nur Selbstzweck enthaltenen Aufgabenstellung spüren Kinder keinerlei Druck zu Leistung. In solche Situationen können sich auch aggressive Kinder einlassen und ganz allmählich zu umsichtigem Miteinander gelangen. Auch unsichere Kinder erleben in „Erfolgen" ein zunehmendes Selbstwertgefühl. Kindern mit Konzentrationsschwierigkeiten erlaubt das Spiel einen eigenen Rhythmus in Spannung und Entspannung. Über die Lust an der Wiederholung der fröhlichen Situationen wird unmerklich auch die Ausdauer trainiert.

Abschluss

👁 Zum Abschluss der gesamten Sequenz lassen sie alle ihre flauschigen Federn auf das große, blaue Tuch segeln. Das Tuch soll so hochgehoben werden, dass die Federn nicht verrutschen. Wir halten das Tuch miteinander einige Minuten ganz ruhig. Dabei können wir fasziniert beobachten, wie der kleinste Lufthauch die feinen Härchen bewegt. Aus dieser etwas magischen und spannenden Situation heraus beginnen wir, das Tuch zu Musik vorerst behutsam zu bewegen. Die Beobachtung der schwebenden Federn und der Krafteinsatz im Hinblick auf die Bewegung des Tuches wollen gut aufeinander abgestimmt sein. Die weiche, fließende Musik lässt die Federn auf dem Tuch leicht und nahezu schwerelos schweben, bis zum Schluss alle Federn mit heftiger Bewegung heruntergeschüttelt werden.

Die Feder wurde uns in den verschiedenen Rhythmikübungen zu einem vertrauten Material, vielleicht sogar zu einem „Freund". Gelingt es, sich mit der Feder zu identifizieren, ihre charakteristische Leichtigkeit auf sich selbst zu übertragen, wird sich eine gewisse Schwerelosigkeit in Körper, Seele und Geist einstellen.

Hinweis: In meinem Buch „Durch Bewegung zur Ruhe kommen" sind noch viele andere Experimentier- und Spielsituationen mit Federn und Federboas beschrieben.

Kreiden so zart und leicht wie Federn

Charakteristische Eigenschaften
Tafelkreiden und Straßenkreide sind in ihrer Konsistenz pulverförmig, bröckelig und hinterlassen beim Schreiben und Malen rieselndes „Mehl". Die Farben von Straßenkreiden sind zarte Pastelltöne. Aufgrund ihrer Materialeigenschaften eignen sich Kreiden besonders gut als Rhythmikmaterial, denn sie ermöglichen spezifische Erlebnisse, wenn wir sie zu Musik auf Papier auftragen.

- 👁 Zur Vorbereitung legen wir große Papierbogen oder eine Makulaturrolle aus und lassen die Kinder farbige Kreiden aussuchen.
- 👁 Wir beginnen mit der uns schon vertrauten Musik *Scheherezade* von Schumann. Die Kinder erkennen sie wieder und singen, summen oder brummeln sogleich mit. Mit geschlossenen Augen lassen die Kinder ihre farbigen Kreiden in jeder Hand wie Federn in der Luft zur Musik tanzen.

Straßenkreiden zaubern zarte Farben auf Papier

- 👁 Anschließend ziehen sie die Kreiden, feine Spuren hinterlassend, über das Papier. Die Kreide kann man nicht nur mit der Spitze, sondern auch in ihrer ganzen Länge auf dem Papier entlang streichen. Die Dynamik der Musik wird sich im verschieden starken Aufdrücken der Kreide widerspiegeln. Das erinnerte Bild, die Vorstellung von der tanzenden und schwebenden Feder verleiht im Einklang mit der Musik den rhythmischen Bewegungen der Hände ihre Ausdruckskraft.
- 👁 Geben Sie den Kindern in mehreren Wiederholungen und mit nur vorsichtigen Impulsen die Chance, mit dem Material auszuprobieren, was ihrem Willen und Bedürfnis entspricht. Denn: „Wegweiser für unsere Arbeit sind das Kind und die Gesetzmäßigkeiten des Lebendigen, welche rhythmisch sind." (Mimi Scheiblauer 1971: 73ff.) Wiederholungen im methodischen Ablauf ergeben eine rhythmisierende, ordnende Struktur, die Sicherheit verleiht.
- 👁 Beim Betrachten des Gemalten stellen wir fest, dass die Musik weiche, fließende Linien hinterlassen hat. Es fallen auch lichte und dichtere Flächen auf. Die zarten Farben korrespondieren mit der Leichtigkeit unserer inneren Bilder. Farbstaub verdichtet sich an einzelnen Stellen.

Mit Fingern und Händen malen

- 👁 Wir legen die Kreiden zur Seite und bearbeiten das Bild mit den Fingern und Händen. Die Kreidespuren werden dabei verwischt und wirken intensiver in ihrer Farbigkeit. Diese Übung lässt sich mit offenen wie mit geschlossenen Augen durchführen. Halten die Kinder die Lider geschlossen, rückt wie zuvor beim Malen die Bewegung zur Musik in den Vordergrund. Schauen die Kinder ihr Bild an, erhält das Gestalten und Ausarbeiten größere Bedeutung. Überlassen Sie das Handeln den Teilnehmer/innen: Sie werden das verfolgen, was ihnen in diesem Moment wichtig ist.

Federn als Malwerkzeug

👁 Federn gibt es in unterschiedlicher Festigkeit. Statt der Finger nehmen die Teilnehmer/innen stabile Federn und streichen zur Musik in Bewegungen über die Kreidespuren. Staub und Linien werden auf feinere Weise verwischt. Durch die Haare ergeben sich feine Strukturen im Bild. Soll das Bild haltbar sein, muss es mit „Fixativ", mit einem Haarspray oder mit Klarlack besprüht werden.

Kleister bringt die Farben zum Leuchten

👁 Wollen wir die Kreidebilder zum Leuchten bringen, können wir diese mit Kleister übermalen. Das ist ein eigenständiger, methodischer Teilschritt, bei dem Sie wie oben beschrieben verfahren und wiederum ein Einklang von Musik und Bewegung anzustreben ist.

Regenmacher – Samba – Sand im Bild

rain-maker – rhythm-shaker

„Rainmaker", auf Deutsch: Regenmacher, sind Klanginstrumente, die ursprünglich aus Südamerika stammen. Wie der Name schon vermuten lässt, wird mit ihnen gespielt, um in den trockenen Gebieten Südamerikas den Regen herbeizurufen. Rainmaker werden aus getrockneten Kaktus-Abschnitten, Bambus-Rohren, Bastgeflecht oder inzwischen auch aus Plastikrohren hergestellt. Bis zu einer Länge von etwa 1,20 m und in unterschiedlicher Dicke sind sie im Musikalienhandel und auf Musikmärkten zu erwerben.

Rainmaker selbst gemacht

Material: Verschließbare Pappröhren, Nagelstifte, Füllmaterial (z. B. Reis), Stoffreste, Papiere zum Verzieren
Sie können die Regenmacher bereits mit Kindern im Vorschulalter selbst herstellen. Dazu besorgen Sie stabile Pappröhren mit Deckel zum Verschließen, Nagelstifte in der halben Länge des Durchmessers und Füllmaterial wie Reis, Linsen oder kleine Perlen und ähnliche leicht rieselnde Materialien. In einer Spirale verlaufend schlagen Sie die Nägel möglichst gerade und in kleinen Abständen von 1/2 bis 1 cm in die Rolle. Anschließend wird das Material eingefüllt und die Röhre verschlossen. Mit selbst gestalteten Papieren oder Stoffen beklebt, hat jedes Kind schnell seinen individuellen Regenmacher!

Methodisches Vorgehen

Für die folgende Rhythmiksequenz empfiehlt sich, den methodischen Schwerpunkt auf ein experimentelles Vorgehen zu legen. Die Regenmacher üben einen starken Reiz aus zum Spielen und Ausprobieren und fordern zum ständigen Wiederholen heraus. Greifen Sie zufällige und beabsichtige Aktionen und Beispiele der Kinder auf. Wiederholen Sie diese mit der ganzen Gruppe, um alle Kinder an den Entdeckungen teilhaben zu lassen. Beschreiben Sie gemeinsam ihre Entdeckungen und versuchen Sie, kausale Zusammenhänge von Ursache und Wirkung herzustellen: Bewegung erzeugt Geräusche, Töne, Klänge – Geräusch erzeugt Bewegung. Eine große Vielfalt an Erfahrungen erreichen Sie, wenn Sie mit Regenmachern aus verschiedenen Grundmaterialien, unterschiedlicher Größe, mit verschiedenen Füllungen arbeiten. Setzen Sie gleichartige Röhren ein, können sie besonders gut Vergleiche ziehen. Wenn Sie in die von den Kindern heiß ersehnte Experimentierphase starten, ordnen Sie die Beispiele in verschiedene Bereiche, was Ihnen vielfältigere Differenzierungen ermöglicht.

Mit dem Rainmaker experimentiert

Geräusche wahrnehmen und produzieren

- Rainmaker senkrecht halten und zuhören, kleine Anstöße erneuern das Rieseln
- Laute und leise, helle und dunkle Geräusche wahrnehmen
- Zufällig entstandene und gezielt produzierte Geräusche und Klänge
- Töne, die durch Rieseln entstehen, langsam und schnell
- Töne, die durch Schütteln entstehen, langsam und schnell
- Töne, die durch Rollen mit Händen und Füßen entstehen, langsam und schnell
- Töne, die durch Klopfen entstehen, langsam und schnell
- Töne, die durch Hüpfen und Tanzen der Finger entstehen, langsam und schnell

- Töne, die durch Hin- und Herschwingen und Bewegungen in der Form einer Acht entstehen
- Töne, die durch Schaukeln entstehen

Materialeigenschaften und ihre Wirkung
- Materialeigenschaften des Korpus erkunden
- Füllmaterialien erforschen
- Kausale Zusammenhänge von Material und Klang
- Kausale Zusammenhänge von Körperbewegung in Tempo und Dynamik mit dem Klang
- Kausale Zusammenhänge von Materialbewegung in Tempo und Dynamik mit dem Klang

Füße, Hände und der ganze Körper hören die Musik des Regenmachers
- Sie spielen verschiedene Grundbewegungsarten in verschiedenen Tempi auf dem Instrument. Versuchen Sie sehr spezifische Geräusche zu erzeugen, die automatisch zu bestimmten Bewegungsarten motivieren. Das Geräusch zum Hüpfen unterscheidet sich deutlich von dem zum Schleichen, das zum Schwingen klingt anders als das zum Rollen am Boden.
- Die Kinder verwandeln sich selbst in „Rainmaker" und bewegen sich so lange, wie sie das Instrument hören. Geräusch und Bewegungsstil entsprechen einander. Dabei kann auch ein Kind die anderen Kinder führen.
- Der Regenmacher wird bewegt: getragen, balanciert, gerollt, geschoben, geschwungen, geschaukelt, am Boden wie ein Kreisel gedreht, auf dem Körper im Raum und am Platz bewegt und gerollt.

Experimentelles Gruppenspiel auf dem Instrument
- Nach- und Mitspielen
- Pantomimisches Dirigieren von Geräuschen, Tönen, Klängen
- Echospiele
- Rundspiele von Geräuschen und Rhythmen
- Wort- und Versbegleitungen
- Liedbegleitungen und Kreisspiele

Spannung auch zum Abschluss
Die Kinder finden Lösungen, den Rainmaker zum Behälter zurücktragen, ohne dass ein Geräusch entsteht.

„Bach in Brazil"

Die CD *Bach in Brazil*, herausgegeben von Henrique Cazes, kennzeichnet eine Mischung aus barockem Bach und dem einzigartigen Stil der für Rio de Janeiro typischen Instrumentalmusik „Choro". Beide Musikstile verbinden traditionell formale Kompositionen und ein virtuoser, swingender Rhythmus. In langen, heißen Debatten und jahrelangem, experimentellem Musizieren einigten sich die Musiker in ihren Interpretationen und den Besetzungen der Instrumente. Die Stücke *Inventionen* und *h-moll-Suite* klingen stark nach Samba und „fahren" förmlich in die Beine! Kinder lieben diese Musik auf Grund ihrer klaren Struktur und des fetzig-jazzigen Rhythmus. Sie werden auf heitere Weise von ihr berührt, und sie weckt in ihnen die Freude und Lust an der motorischen Umsetzung.

Lassen Sie die Gruppe frei zu dieser Musik im Raum losmarschieren oder hüpfen. Geben Sie den Kindern zu den Wiederholungen, je nach Charakter des Stückes, Materialien wie Kreppbänder, Tücher aus Chiffon oder leisere Rasselbüchsen in die Hände. Auch der Rainmaker kann sie begleiten. Sie können den Regenmacher

- 👁 begleitend zur Musik schütteln,
- 👁 rieseln lassen,
- 👁 schwingen,
- 👁 sich tanzend mit ihm drehen,
- 👁 die Röhre schaukeln.

Bekanntschaft mit verschiedenen Musikstilen

Häufige Wiederholungen lassen die Kinder allmählich die deutlichen Strukturen der einzelnen Musikabschnitte erkennen und erfassen. Melodiebogen werden erkannt und mit dem Material in der Hand als lineare Bewegungen im Raum nachempfunden. Der jazzige Charakter stimmt sie auf eine heitere, lockere Motorik ein. In dieser Atmosphäre öffnen sie sich für neue, lustvolle Eindrücke und reagieren in sozial-kommunikativem Miteinander.

Die Gruppe wird auf diese Weise mit zwei Musikstilen vertraut, dem klassisch-barocken Stil Bachs und dem zur Bewegung motivierenden, rhythmisierenden Samba Südamerikas. Kinder im Vor- und Grundschulalter sind grundsätzlich offen für alle Musikstile. Sie erleben sie emotional und ohne Vorurteile, eben noch nicht auf Punk, Rock oder Volksmusik fixiert. Bei vielen Jugendlichen und Erwachsenen lässt sich mit dieser Musikinterpretation eine neue Aufgeschlossenheit gegenüber der klassischen Musik entdecken.

Ebenso gut können Sie aber auch aus ihrem eigenen Repertoire von Kassetten oder CDs einen von ihnen geliebten Samba aussuchen. Das Metrum sollte dem Kindertempo entsprechen.

Sandbilder in Kleistermasse

👁 Klecksen Sie Kleister auf ein an den Ecken gut befestigtes Malpapier. Zu der inzwischen vertrauten Musik des „Brasilianischen Bach" verteilen die Teilnehmer/innen das klebrige Nass auf dem Papier. Manche Kinder oder auch Erwachsene scheuen sich anfangs, das „glitschige, kalte Zeug" anzufassen. Ermutigen Sie diese meist durch überstrenge Sauberkeitserziehung scheuenden Teilnehmer/innen zum vorsichtigen Ausprobieren. Der Hinweis, dass Kleister sich leicht mit Wasser und dem bereitgestellten Schwamm oder Waschlappen entfernen lässt, kann schon helfen. Wer dennoch zögert, kann alternativ auch zwei breite Pinsel in die Hände bekommen. Danach lassen wir Sand auf die Kleistermasse rieseln, bis der nasse Untergrund bedeckt ist. Unter Umständen fällt jetzt der Einsatz der Hände leichter. Im Rhythmus und mit den Melodiebogen der Musik tanzen die Hände in Linien über das Papier und verstreichen die Masse.

Vielerlei Sandarten

Es empfiehlt sich, verschiedene Sandarten bereitzustellen: feinen, weißen Quarzsand, roten Tennisbodensand, hellen, gesiebten Sandkastensand. Ich selbst habe farbige Sandsteine aus Portugal und den Ockersteinbrüchen von Roussillion in der Provence zerhackt, zerbröselt, eingeweicht, zerstoßen und sie nach dem Trocknen mit einem großen Mörser zermahlen und gesiebt. Herrliche, zarte Gelb-, Grau-, Braun- und Rottöne vervielfältigen mein Sandangebot, so dass jeder das für ihn passende auswählen kann.

👁 Bitten Sie die Teilnehmer/innen, die Augen zu schließen, und starten Sie nun erneut mit der Musik. Die Finger erspüren die Stellen auf dem Papier, wo sie den Sand finden, und verteilen ihn durch Bewegungen zu Musik. Rau ist dieser feste Bestandteil, der sich in den weichen, rutschigen Kleister mischt. Am Ende der Musik betrachten und beschreiben die Malenden, was sie spüren konnten und was sie auf dem Papier erkennen: Linien, die das Weiß des Untergrunds hervortreten lassen, weil ihre Finger Kleister und Sand verschieben. Stellen, an denen die Musik keine oder sehr verdichtet Spuren hinterlassen hat.

👁 In den folgenden Durchgängen ergänzen wir die Masse mit weiteren Sandbeigaben und, falls nötig, zusätzlichem Kleister. Die Konsistenz wird merklich fester, modellierfähiger und lässt dem freien Gestalten Raum. Alle entscheiden frei, ob sie mit offenen oder geschlossenen Augen arbeiten möchte. Beim blinden Malen lehnen sich die Bewegungen intensiver an die Musik an, ihre Impulse fließen wie zufällig in die

Gestaltung. Das „Ergebnis" entsteht aus der Musik. Experimentieren die Gestaltenden sehend, erleben sie unmittelbar die Veränderungen auf dem Papier. Unterschiedliche Techniken im Verstreichen mit den Fingern, mit Handballen oder Knöcheln, das Aufpatschen und Hochziehen der Masse, Verziehen und Schieben von dichterem Sand-Kleister-Gemisch erzeugen spannende Wirkungen. Das Auge beeinflusst allerdings gerne kritisch und interpretierend den Vorgang.

Betrachten und beschreiben
Wertfrei beschreiben und betrachten die Teilnehmer/innen ihre Bilder. Sie erzählen:

- 👁 Wo und wie erkennen wir Sequenzen der Musik? In melodiösen Linien, in hellen oder dunkleren Abschnitten, in Tupfen oder aufgeschichteter Masse?
- 👁 An welchen Beispielen tritt das Experimentieren und Gestalten in den Vordergrund?
- 👁 Wo zentriert sich die Bewegung?

Das Malen zur Musik mit Sand-Kleister-Masse weckt taktile Sensibilität und Freude beim Ertasten und Fühlen. Kleistersand animiert in seiner breiigen Substanz zum Schmieren und damit zum großmotorischen Malen. In diesen Bewegungen öffnet der Malende unbewusst Körper, Geist und Seele bereitwillig für intensive Eindrücke und Erlebnisse. Es ist wie eine Reise nach innen, die im bildnerischen Gestalten wieder zum Ausdruck kommt. Damit können Emotionen freigesetzt und eigene Erfahrungen zu kausalen Denkzusammenhängen verknüpft werden.

Schwere Steine – leichte Füße

Gott schläft im Stein,
atmet in der Pflanze,
träumt im Tier,
erwacht im Menschen.
aus Indien

Faszination der Steine
Die Menschheit hat seit Beginn Steine als Zeugnisse ihrer Kultur zu verzeichnen. Die Steinzeit beschreibt Steine als Grundmaterial für die damals verbreiteten Handwerksgeräte. Wir kennen Dolmen und Menhire in der Bretagne, mit hoher

Kunst gestaltete Statuen und Reliefs in Südamerika. Viele weitere Zeugnisse bürgen von der Faszination der Steine.

Steine üben seit meiner Kindheit eine große Faszination auf mich aus. Es begann mit dem Muschelkalk aus meiner Kinderheimat. Seine Versteinerungen von Schnecken und Pflanzenteilen regten uns zu ersten genaueren Betrachtungen mit einer Lupe an. Kieselsteine dienten zum Verzieren von Burgen im Sandkasten, flache Steine versuchten wir, über den Fluss oder See hüpfen zu lassen. Halbedelsteine zu sammeln, später wurden es „echte" Edelsteine, wurde zur Leidenschaft und ich hortete diese Schätze. Kaum ein Spaziergang, bei dem nicht mindestens ein wunderschöner Stein, vielleicht mit besonderen Einschlüssen oder vielsagenden Formen, zu entdecken war.

Meine schönsten Steine für den Rhythmikunterricht habe ich aus dem Norden Portugals mit nach Hause geschleppt. Im wahrsten Sinn des Wortes eingesackt. Kugelrund, lang wie ein Stift, schwarz mit weißen Linien, grau oder rötlich, jeder Stein ist wunderschön! Der Atlantik hat sie im unermüdlichen Hin und Her seiner Wellen glatt und wie Handschmeichler abgeschliffen. Dieser Klang der ins Wasser zurückrollenden Kiesel erklingt am Strand wie perlende Musik. Ist die Flut stürmisch, steigert sich das Geräusch zum Rollen und Poltern, hohl, dumpf, laut. Jeder einzelne dieser Steine könnte eine lange Geschichte erzählen.

Was rumpelt und pumpelt in ...

- 👁 Die Steine befinden sich in einem großen Korb im Rhythmikraum. Die Kinder ziehen, schieben, schleppen, wuchten ihn gemeinsam mit großer Anstrengung in die Mitte. Noch ist der Korb mit einem Tuch bedeckt. Ab und zu tönt verräterisch, was sich darunter versteckt. Wir rütteln an dem Behälter, kippen ihn vorsichtig hin und her, um ihm noch mehr Geräusche zu entlocken. Das Geheimnis kullert schwerfällig, also kann es nicht klein sein. Es sind Einzelstücke, das hört man am Rollen. Um der Sache auf die Spur zu kommen, fühlen wir mit unseren Händen: „Es ist kalt! Rund! Weich?! Nein, hart! Ich habe ein langes Stück in der Hand! Oben ist es glatt und an der Seite runzelig, rau."

- 👁 Beim Tasten und Fühlen beschreiben die Kinder ihre Vorstellung von den Steinen. Sie wissen ohne Zweifel, um welches Material es sich handelt. Die Faszination des inneren Bildes von dem, was da versteckt ist, erregt Spannung, Wissbegier und Neugier. Beim Ausschütten des Korbes rumpelt und poltert es ganz ordentlich! Staunen und Begeisterung kommen in den Kommentaren zum Ausdruck. „Wie schön die sind! Guck mal, der da ..." – und schon sind wir mitten drin im genaueren Betrachten und Beschreiben. Die Kinder finden ihre eigenen Worte, manchmal sind es eher Wortschöpfungen, um ihre Beobachtungen und Entdeckungen kundzutun.

- 👁 Jedes Kind entscheidet sich für einen Stein, mit dem es spielen und experimentieren wird. Erwähnen sollte man, dass es sehr schmerzhaft sein kann, wenn die Steine an den Fuß rollen, damit die Kinder die Gefahr in ihrem Spiel berücksichtigen.

Experimentieren mit den Steinen

Wahrnehmen der Materialeigenschaften

- 👁 Steine können auf verschiedene Weise gerollt, gekullert, geschoben werden.
- 👁 Manche können wir drehen wie einen Kreisel.
- 👁 Es gibt bestimmte Formen, die wippen.
- 👁 Man kann sie auf der Hand tragen, innen, außen, auf der Kante, zwischen den Fingern oder Handflächen.
- 👁 Sie liegen auf dem Ellbogen, auf der Schulter, dem Kopf, dem Ohr.
- 👁 Steine können klopfen, rumpeln, poltern, ticken, holpern, scheppern, holpern, kollern.
- 👁 Die Steine sind schwerer oder leichter, runder oder eckiger, flach, lang, vom Wasser verschieden geformt und bearbeitet, einfarbig oder auch mehrfarbig, rau oder weich und glatt abgeschliffen, kalt oder durch das Hantieren erwärmt.

Es ist nicht nur schön, einem tanzenden, kreisenden, torkelnden Stein zuzusehen. Beeindruckend ist das Geräusch, wenn wir das Ohr nach dem Anstoß auf den Holzfußboden legen. Ein verstärktes Tönen, Gebrumm, Geschmetter, Summen, Dröhnen, Surren, das mit der sich verlangsamenden Bewegung schwächer und leiser wird, imponiert uns. Bei der Arbeit mit Steinen sind die Kinder kaum zu bremsen! Immer wieder erneuern sie mit kleinen Veränderungen, durch Zufall oder Absicht entstanden, den Ablauf ihrer Experimente.

Körpererfahrung und motorische Fertigkeiten

In allen diesen Aktionen wird die motorische Entwicklung des Kindes in seinen Feinheiten erprobt und gefördert. Bewegungen, die zunächst mit hohem Krafteinsatz und Muskelanspannung durchgeführt werden, gelangen zur kontrollierteren, feinmotorischen Ausführung. Die Absicht, den Stein in eine bestimmte Bewegung zu versetzen, fördert eine zielgerichtete Bewegungskoordination. Das Kind übt, seine Kraft zu bündeln und blitzschnell loszulassen. Es steuert seinen Krafteinsatz beim Anrollen, damit der Stein nicht aus der beabsichtigten Bahn kullert. In einem kontinuierlichen Aufbau kann das Gleichgewicht zunehmend austaxiert werden, damit der Stein z. B. nicht vom Kopf fällt.

Schulung der Sinne

Über die Sinnessysteme gelangen mannigfaltige Informationen über das Material Stein an das Zentralnervensystem. Erst dann können motorische Handlungen folgen, die durch Übung der sonsorischen Funktionen komplexe Anpassungsreaktionen entwickeln. Die Wahrnehmungssysteme im taktilen, kinästhetischen, auditiven und visuellen Bereich werden mit großer Lust angesprochen und spielerisch gefördert. Die Motivation geht von den Steinen selbst aus – ein reizvolles Material, das die Kinder in ihrer Umgebung jederzeit selbst finden können, um so ihre Fähigkeiten kontinuierlich weiterzuentwickeln.

Ängste der Erwachsenen

Wir sollten bedenken, dass viele unserer Ängste hinsichtlich möglicher Gefahrenquellen aus unseren eigenen Beziehungen im Umgang mit dem Material resultieren. Die eigene Lust und Freude am experimentellen Spielen kann uns Zutrauen und Sicherheit vermitteln, die Kinder selbst die Risiken abschätzen und austarieren zu lassen.

Auf den Steinen in Balance

👁 Die Kinder haben ihre Steine zu Musik auf verschiedene Weise im Raum getragen. Die Musik sollte durch ein nicht zu schnelles Metrum gekennzeichnet sein und eine assoziative Nähe zu größeren, schweren, kühlen

Steinen aufweisen, mit denen wir in dieser Sequenz arbeiten.

- Alle legen ihren „Schatz" am Fußboden nieder und stellen sich darauf. Es ist nicht ganz einfach, die Balance auf einer relativ kleinen, gewölbten oder gar zugespitzten Fläche zu halten. Bewegung um die Steine zu Musik und Balanceübungen wechseln sich ab. Alle Steine sollen erprobt werden. Dadurch fordern immer neue Gegebenheiten die motorischen Fertigkeiten heraus. In dieser Erprobungs- und Erkundungsphase stabilisieren sich die sensomotorischen Fähigkeiten.

Selbst Stein sein

Die Entwicklungspsychologie beschreibt die geistige Welt der Kinder bis zum vierten oder fünften Lebensjahr als eine magische, anthropomorphe (vermenschlichte) Welt, bevor sie zu einer realistischen Sicht der Dinge gelangen. Daher fällt es Kindern in diesem Alter nicht schwer, sich selbst in einen Stein zu „verwandeln". Und beim vorangegangenen Hantieren mit dem Material, durch die vielfältigen Entdeckungen und Erfahrungen, haben sie sich mit ihrem Stein vertraut gemacht und kennen ihn gut.

Nach einer Phase des freien Ausprobierens schafft der Erwachsene mit einer Steinkugel in einer großen Handtrommel oder Holzschüssel eine zeitliche Ordnung. Solange sie rollt und tönt, dürfen die Kinder als „Steine" kullern. Ist es still, liegen auch die „Steine" ruhig. Das erfordert intensives Hinhören und gleichzeitige Körperbeherrschung. Die Kinder können auf vielfache Weise in die Rolle des Steines schlüpfen:

- am Boden kullern und poltern
- schwer drehen, schieben, rollen, kreiseln, wippen
- tanzen, drehen und zu Boden torkeln wie ein Stein-Kreisel
- die Form des Steines darstellen
- starr, hart und unbeweglich ruhen

Literaturhinweis: Weitere Lieder, Spiele und Übungen für Rhythmikstunden mit Steinen sind meinem Buch „Durch Bewegung zur Ruhe kommen", Don Bosco Verlag, München 1996, Seite 66ff. zu entnehmen.

Schwere Steine, schwere Schritte machen Fußabdrücke – bitte!

Für folgende Sequenz wählen sie besser eine Terrasse oder den Garten als Arbeitsraum oder aber sie schützen den Boden mit einer Folie.

- 👁 Lange Wege werden mit Makulaturpapier von der Rolle im Viereck, in der Diagonale oder in parallelen Bahnen ausgelegt. Alle stampfen zu Musik mit schweren Schritten auf den Papierstreifen. Arme und Fäuste, der ganze Körper hilft mit, kräftig aufzutreten! Unterstützend wirkt mit kraftvollen Lauten die Stimme. Der ganze Mensch ist beteiligt. Wir probieren aus, auf den Fußkanten, auf den Fersen, den Fußballen oder der Innenkante zu balancieren. Noch hinterlassen die Füße keine Spuren.

- 👁 Die Fußsohlen werden immer wieder kurz in eine flache Wasserschüssel getaucht, um feuchte Abdrücke zu hinterlassen. Die Makulatur saugt das Wasser auf. Am Ende der Musik streuen wir mit einem feinen Teesieb Pigmentfarben auf die nassen Spuren. Der Staub haftet und die Fußsohlen werden sichtbar. Der Rest fällt ab. Jetzt können wir unsere Wege mit den Augen verfolgen. Wo haben wir kleinere, größere Schritte gemacht? Wo drehten wir uns um? Die Pfade können noch einmal gesucht und nachgegangen werden. Da ist eine nur auf Zehenspitzen gegangen! Hier ist jemand auf einem Bein gehüpft, es fehlt der zweite Fuß! So begeben wir uns wie die Apachen auf Spurensuche!

- 👁 Wir schneiden die Spuren aus, betrachten und vergleichen sie. Große Füße, kleinere Füße, lange Zehen, kleine kugelige Zehen, Plattfüße, Senkfüße. Es kann gemessen werden. Die Papierspuren können wir für eine Collage oder als „Wegweiser" weiterverwenden.

Spuren
Mit jedem Schritt, den du tust,
und jeder Bewegung, die dir geschenkt wird,
hinterlässt du Spuren.
Keine der Entscheidungen,
keines deiner Worte,
keine deiner Gesten
kann je ungeschehen gemacht werden.
Christa Spilling-Nöker

Meditation mit Steinen

Einsatzmöglichkeiten

Meditation bedeutet für mich: sich intensiv mit einer Sache beschäftigen. Die Umwelt wird vergessen, nicht wahrgenommen, es sei denn, sie ist in Form von Musik oder Sprache integriert. Um sich in etwas vertiefen zu können, bedarf es einer Atmosphäre, die ein „Zur-Sache-Kommen", „Zu-sich-selbst-Finden", „Zur Ruhe-Gelangen" ermöglicht. Eine Meditation mit Steinen kann in unterschiedlichen Situationen angebracht sein:

- 👁 als Zusammenfassung einer Rhythmikstunde
- 👁 im Morgenkreis oder dem Morgentreffen der Einrichtung
- 👁 inhaltlich zu einem Thema oder Projekt passend
- 👁 vorbereitend, um auf ein Thema einzustimmen
- 👁 als Einstieg zu einem Elternabend mit dem Thema „Wahrnehmung"
- 👁 um Gedanken oder Wünsche zu bündeln, wobei die Steine als Vermittler dienen.

Methodisches Vorgehen

Die folgende Beschreibung einer Meditation mit Steinen, bei der sich die Teilnehmer/innen mit Hilfe einer Fantasieerzählung vertiefen, ist kein Rezept zum Kopieren. In jedem Fall sollte der Erwachsene als Vorbereitung selbst mit einem Stein meditiert haben, um einen passenden Weg für seine Situation und Zielgruppe zu finden. Halten Sie während der Meditation ebenso wie die Teilnehmer einen Stein in der Hand. Schließen Sie kurzzeitig auch selbst die Augen, um im Miterleben das Erspürte besser ausdrücken zu können. Beobachten Sie Ihre Gruppe immer wieder, damit Sie erkennen, ob sie Ihnen folgen kann und wie das Befinden der Einzelnen ist.

Kinder können nicht allzu lange die Lider geschlossen halten. Sie können ihnen anbieten, sich auf den Bauch zu legen, den Kopf auf die Arme gelegt und dabei den Stein in den Händen zu halten. Erwachsene liegen gerne auf dem Rücken und halten den Stein auf dem Bauch liegend. Ebenso kann man bei der Meditation auf dem Stuhl sitzen mit dem Stein im Schoß oder auch stehen. Jeder Teilnehmer erhält einen Stein, den er sich möglichst selbst aussucht.

Musikauswahl

Als Meditationsmusik empfiehlt sich die CD „Land of Enchantment" von C. H. Deuter. Die Fantasiereise entspricht dem Charakter der Musik. Beim Erzählen sollten Sie besonderes Augenmerk auf die Stelle mit dem Rauschen und Gluckern des Wassers legen. Es bedarf nur kurzer Übung, die Zeit des Erzählens und der Pausen mit der Musik zu synchronisieren.

Fantasie-Spaziergang

Deinen Stein legst du jetzt in erreichbare Nähe. Deine Hände sind noch leer. Später wirst du ihn in die Hände nehmen.

Du schließt deine Augen und beobachtest deine Atmung. Luft strömt durch die Nase ein und aus. Beobachte deine Einatmung und Ausatmung. Dein Brustkorb hebt und senkt sich. Gleichmäßig geschieht das, ganz von selbst. Du musst nichts dazutun, nur da sein und mitspüren. Bleibe in diesem ruhigen Rhythmus. Mit deinen Gedanken begleitest du mich auf einen Spaziergang.

Du gehst mit mir über eine Wiese. Frisches, grünes Gras streicht um deine Füße. Deine Augen sehen gelbe, weiße, blaue Blumen, hohe und niedrige. Im Gehen dreht sich dein Kopf mal nach rechts oder links, um noch mehr farbige Blüten zu entdecken. Du riechst das saftige Gras der Wiese. Angenehm warm ist es in der Sonne und du gehst noch ein ganzes Stück auf dieser weiten Au. Nicht weit entfernt siehst du dunkelgrüne Büsche und Bäume, die dem Lauf eines Baches folgen.

Du gehst langsam in diese Richtung. Du spürst den weichen Wiesenboden unter deinen Fußsohlen. Du atmest die frische Luft tief ein und aus. Und noch einmal, ein und lange aus. Du kennst deinen Atemrhythmus. Er tut dir gut beim Gehen. Je näher du den Büschen kommst, umso deutlicher hörst du den Wind in den Bäumen rauschen. Dazu mischt sich das leise Gluckern des noch verborgenen Baches. Du gehst jetzt ein wenig schneller, weil du neugierig bist, wie breit der Bach fließt.

Ja, hier! Da führt ein kleiner Trampelpfad hinunter zu einer Kiesbank. Und da siehst du auch schon das Wasser über die Steine springen und in der Sonne glitzern. Du stehst und schaust und deine Gedanken beschreiben dir, was du siehst. Deine Ohren hören die Musik des Wassers.

Staunend spürst du die Kieselsteine unter deinen Füßen. Sie stehen hart und uneben auf dem Kiesbett. Du siehst hinunter und entdeckst weiße und graue, hellbraune und gelbliche Steine. Kleinere und größere. Deine Augen müssen genau hinschauen. Sie entdecken einen ganz besonders auffällig interessanten Kiesel und du bückst dich danach, nimmst ihn in die Hand.

Jetzt nimmst du deinen Stein in die Hand. Der Stein ist trocken, da er nicht im Wasser lag. Du streichst mit deinen Fingern darüber, drehst ihn in deinen Handflächen. Ein kleines bisschen Staub überdeckt die Oberfläche. Trotzdem erscheint sie dir nicht unangenehm.

Du drückst und knetest deinen Stein, als ob du ihn weicher machen willst. Ganz fest! Plötzlich gibst du nach und spürst, wie er schwer in deiner Hand liegt. Du wiegst ihn. Du lässt den Kiesel von einer Hand in die andere gleiten und wieder zurück.

Wie groß ist er? Deine Finger streichen um den ganzen Umfang herum und wieder zurück. Jetzt über die andere Seite. Viel Zeit brauchst du dafür. So ist es wohl ein großer Stein?

Eine deiner Fingerspitzen wandert ganz alleine über die glatten und unebenen Flächen des Kiesels. Sie entdeckt feine Vertiefungen, raue Stellen, ganz 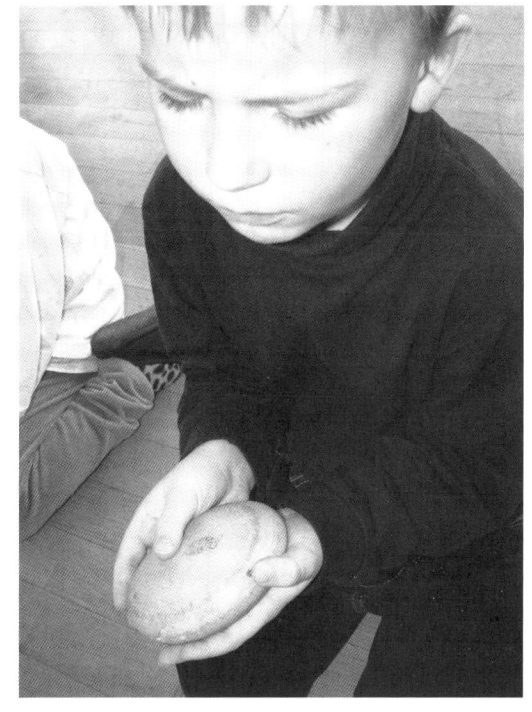 weiche Punkte. Vielleicht entdeckst du eine Rille, der du nachspüren kannst. Oder ein kleines Loch.

Der Stein in deiner Hand ist wärmer geworden. Du hast ihm von deiner Körperwärme abgegeben. Du bist neugierig auf deinen Stein. Welche Farben zeigt er dir? Stelle dir vor, wie er aussieht, in allen seinen kleinen und größeren Mustern. Jetzt öffne bitte deine Augen und schau, ob er so aussieht, wie du ihn dir vorgestellt hast. Wenn du willst, kannst du mir und uns davon erzählen.

Der ganze Körper raspelt und rollt

Rauf auf die Kinderstühlchen!

Stühle sind zum Sitzen da – oder?

Rhythmik mit Kinderstühlchen übt einen besonderen Reiz auf Kinder aus. Der Gegenstand ist aus dem Alltag bekannt und wird einer bestimmten Funktion zugeordnet: Stühle sind zum Sitzen da. – Allzu oft drängen Erwachsene Kinder in allgemein übliche Handlungsweisen: Das Nudelholz nimmt man zum Teigausrollen – auf einem Kinderstuhl sitzt man; den stellt man nicht auf den Kopf; man setzt sich nicht rückwärts auf ihn und man klopft nicht laut auf ihm herum! Das unscheinbare Wörtchen „man", das gegenüber Kindern häufig in der Argumentation bemüht wird, beinhaltet den Zwang zur Konformität, es beengt, lässt keine Fantasie und Kreativität, keinerlei eigenen Willen und selbst getroffene Entscheidung zu. Und es erzieht zur Unmündigkeit!
In dieser Rhythmikeinheit kann das Kind den Stuhl umkippen, sich verkehrt herum auf ihn legen, ihn auf dem Kopf tragen. Es wird sogar dazu ermuntert und in seinem unkonventionellen Verhalten bestätigt. Manche Kinder können zunächst mit dieser Freiheit nicht umgehen. Darum ist es umso notwendiger, den Weg zum Entdecken mit Materialien aus dem Alltag zu beginnen. Rhythmik stellt die „Man-macht-das-so-Welt" auf den Kopf!

Bewegung um und mit den Stühlchen

Die Kinder setzen sich beim Betreten des Raumes auf die Stühle in einer Reihe oder im Kreis. Jedes Kind sucht sich anschließend mit seinem Stuhl einen Platz im Raum.
Alternative: Die Stühlchen sind bereits aufgestellt im Raum verteilt oder alle Stühle liegen wild durcheinander im Raum verteilt.
Die Kinder bewegen sich zu Musik um die Stühle. Sobald die Musik unterbrochen wird, setzen, stellen, legen sie sich auf, unter, neben einen Stuhl, wie es der Erwachsene vorgibt. Bei weiteren Wiederholungen wählen die Kinder ihre Position selbst: auf, neben, hinter, vor, unter dem Stuhl, im Stuhl, auf der Lehne.

Bewegung um die Stühle zu Musik:
- Verschiedene Bewegungsarten wie Gehen, Laufen, Hüpfen, Pferdegalopp, Stampfen, Schreiten, Tippeln, Schleichen, Schlurfen
- Verschiedene Menschen in Bewegung darstellen, wie z. B.: er schleppt einen schweren Sack, sie schreitet elegant, er geht mit der Aktentasche ins Büro, er „hat's im Kreuz", sie laufen in den Kindergarten oder zum Spielplatz, schleichen sich an eine Gruppe Freunde heran usw. Die Kinder finden selbst weitere Situationen und entsprechend charakteristische Bewegungsarten.

Bewegung mit den Stühlchen ohne oder mit Musik:
- Die Stühlchen können auf verschiedene Weise getragen werden.
- Wir können sie mit der Lehne über den einen oder beide Arme hängen.
- Sie lassen sich schieben.
- Wir können sie mit der Sitzfläche auf dem Kopf tragen.
- Wir können im Sitzen rutschen und wandern. Der Stuhl wird unter dem Po festgehalten. Das finden Kinder immer sehr lustig!

Auch unsichere Kinder, die durch autoritären Umgangston in ihrem Verhalten oft stark eingeschränkt werden, finden über Scherze und ihrer Einschätzung nach ungewöhnliche und witzige Vorgaben schnell Zugang zu diesem Spiel, das fantasievolle Einfälle toleriert und herausfordert! Anfangs noch mit fragendem Blick im Augenwinkel wagen sie in der Gruppe bald neue Schritte in die Freiheit. Die verständige Erzieherin wird dies vorsichtig anleiten, die Kinder ermuntern und vor allem bestätigen.

Alle Primärerfahrung geschieht über die Sinne. Die Materialien aus unserer Umwelt, in diesem Fall die Kinderstühlchen, bieten ausreichend Sinnesreize, um die Entwicklung in nahezu allen Wahrnehmungsbereichen zu aktivieren. Und die Seele hat dabei ihre größte Freude daran!

Materialeigenschaften erkunden

Nach einer entspannenden Zwischenphase mit Bewegung zu Musik lenken wir unsere ganze Aufmerksamkeit und Entdeckungslust auf das Objekt: den Stuhl.
- Wir betrachten zunächst den Stuhl von allen Seiten und erforschen sein Oben, Unten, Hinten und Vorne, schauen vor, neben, auf, unter, durch, hinter und über den Stuhl.
- Mit den Händen erforschen wir das Material: Die Stühle sind hart, kantig, nicht biegbar und haben jeweils eine Sitzfläche.
- Wir erspüren und messen die Längen, können auf dem Stuhl stehen, darauf sitzen, darauf liegen, ihn aufstellen oder umlegen.

- Mit den Stühlen können wir bauen: exakt aufeinander und versetzt, einen Tunnel, Sitzgelegenheiten, eine Reihe.
- Durch Klopfen, Patschen, Schieben und Rücken lassen sich Geräusche erzeugen.
- Wir können selbst einen Stuhl darstellen, wie ein Stein, versteinert sein.

Ruhe-Positionen mit dem Stuhl

- Auf dem Stuhl „normal" mit verschränkten Beinen, im Schneidersitz und verkehrt herum, mit den Beinen durch die Lehne sitzen.
- Auf dem Stuhl mit angezogenen Knien hocken, kleine Änderungen ausprobieren.
- Auf dem Stuhl mit Blick in verschiedene Richtungen knien, auch auf einem Knie.
- Auf dem Stuhl liegen. Die Balance muss auf dem Bauch, dem Rücken, der Seite liegend austariert werden.
- Auf der Lehne – vorsichtig! – aufsitzen und das Gleichgewicht mit den Füßen schaffen.
- Auf dem Stuhl hocken und hier ebenso kleine Variationen finden.
- Auf dem Stuhl in verschiedener Weise knien.
- Auf dem Stuhl herumlümmeln macht allen besonderen Spaß!
- Unter dem Stuhl liegen, knien und dabei das Stühlchen wie einen Schildkrötenpanzer auf dem Rücken transportieren, durchkriechen, -robben, -schieben.
- Neben, vor oder hinter dem Stuhl hocken, knien, sitzen, die Beine auflegen, Arme oder Kinn auflegen, und noch mehr Variationen herausfinden.
- Die Lehne am Boden liegend auf die Lehne setzen, auf ihr stehen oder liegen.
- Mit dem Stuhl zwischen den Beinen stehen, sitzen, liegen, knien, hocken.

Stühle „blind" untersuchen, ertasten, erspüren

Mit geschlossenen Augen nimmt der Körper anders wahr als mit geöffneten Augen!

- Mit den Händen über die Flächen und alle anderen Teile streichen.
- Mit den Fingern die Oberfläche ertasten. Lackflächen fühlen sich anders an als rohe Holzflächen.
- Die Kanten in ihrer Länge mit den Fingerspitzen oder mit der Nase abfahren, abmessen.

- 👁 Runde und eckige Teile, Vierkant oder Wölbung suchen.
- 👁 Das Material drücken und auf seine Festigkeit hin prüfen.

„Durch die Rhythmik schaffen wir nicht bloß Erlebnisraum für die motorischen Aktivitäten, wir verbessern dadurch auch die Wahrnehmungsleistungen." (Sabine Hoffmann-Muischneek 1989: 14). Rhythmische Erziehung verfolgt damit das Ziel, die Umwelt und die eigene, innere Erlebniswelt als ein Ganzes wahrzunehmen. Im Umgang mit den Materialien bauen Kinder eine Beziehung auf, weil es lustvoll ist, weitere Entdeckungen damit zu machen. Mit dem Stuhl, zu dem das Kind auf diese Weise in Kontakt getreten ist, wird es auch sorgsam umgehen, weil es mit ihm weiterspielen und -forschen will.

Tönende Kinderstühlchen

An allen Stellen klingt, tönt, scheppert, hallt, schallt das Material unterschiedlich: hohl, dumpf, hell, laut, leiser. Lassen Sie die Kinder viele Abstufungen erforschen und einzeln „vorspielen". Schaffen Sie Vergleichssituationen durch gleiche Spielweise, z. B. im Rundspiel. Echospiele reizen zu neuen Entdeckungen: (Weitere Rundspielaktionen sind im Abschnitt *Rugel (Rundhölzer) rollen, rumpeln, rieseln*, Seite 106f., beschrieben.)
- 👁 Die Kinder können mit den Handflächen patschen
- 👁 oder die Fingerknöchel hüpfen lassen.
- 👁 Die Fingerspitzen bzw. die Fingernägel tanzen über Flächen.
- 👁 Mit den Ellbogen können wir reiben und klopfen.
- 👁 Mit den Fersen kann man pochen.
- 👁 Auch die Fußsohlen können patschen.

Das erste Instrument des Kindes ist sein eigener Körper, danach entdeckt es mit dem Körper seine Umwelt und bringt sie zum Tönen und Klingen. Solche sensiblen Phasen der Entwicklung lösen einen enormen Schub an lustvollen Entdeckungen aus. Sie bereichern den Wissensstand und lassen später Verknüpfungen mit bereits früher erworbenen Kenntnissen zu.

Stuhlorchester

- 👁 Versuchen Sie einmal ein Stuhlorchester auf die Beine zu stellen! Es kann eine Regengeschichte erfinden, mit Blitz und Donner, Blätterfetzen, Pfützenspritzen und Türenknallen durch Wind, mit Regenprasseln auf den Schirm oder auf das Dach. Am Ende der Geschichte sonnen sich alle in ihrem „Liege-Stuhl", über dessen „Stellung" jedes Kind selbst entscheidet.

- Ein „Bewegungsorchester", vergleichbar einer wild durcheinander schreitenden Musikkapelle, fördert nicht nur die musikalische Kreativität. Kommunikation und gemeinsames Erleben verstärken die Beziehungen untereinander und festigen das Gruppenverständnis.
- Die Kinder tragen ihre Stühlchen zum Lied auf verschiedene Weise durch den Raum. Zuvor wird jeweils ein Kind benannt, das nach dem Refrain (nach einer beliebigen Melodie zu singen) mit seinem Solo beginnt, in das nacheinander alle auf dieselbe Weise im Tutti-Spiel einfallen. Danach beginnt die Wanderung aufs Neue.

Refrain: *Ein Stuhl wandert im Raum herum*
und dreht sich gar im Kreise um.
Er stößt an keinen Menschen an,
weil das so schrecklich weh tun kann!
Doch – plötzlich steht das Stühlchen still,
weil es für uns tönen will. (Solospiel, das in ein Tutti-Spiel übergeht)

Museumsreif? Ein Stuhl-Objekt!

Ein Kind legt, stellt, kippt seinen Stuhl in die Mitte des Raumes. Das nächste fügt den seinen hinzu und so fort, bis das Werk konstruktiv und ausbalanciert, spannungsreich und statisch ausgetüftelt und zur Zufriedenheit aller Künstler beendet ist. Wie im wirklichen Schaffen eines Bildhauers werden Möglichkeiten und Grenzen ausgelotet, „widrige Umstände" und statische Probleme durch kreative Lösungen überwunden.

Rhythmik mit Porenbeton (Ytong)

Den Boden bereiten für Kreativität

Wenn Sie Kindern oder Erwachsenen einen Ytongblock und entsprechendes Werkzeug zur Verfügung stellen und sie unvermittelt bitten, „etwas Schönes" daraus zu fertigen, werden Sie vermutlich Reaktionen ernten wie etwa „Das kann ich nicht!" oder „Was soll ich damit jetzt machen?". Sollen Menschen aus einer Alltagssituation heraus sofort kreativ sein, reagieren sie häufig mit Blockaden. Daher ist es wichtig, erst einmal ein Klima zu schaffen, in dem man sich wohl fühlt, sich auf Neues einstellen kann, sich etwas zutraut, neugierig und experimentierfreudig wird. Wenn sich innere Türen öffnen sollen, sind viel Zeit und Raum zum Nachdenken erforderlich und die Möglichkeit, auch verzögert handeln zu dürfen, sich nicht sofort entscheiden und festlegen zu müssen.

Bewegung (wie zum Beispiel die Rhythmische Arbeit mit den Kinderstühlchen) löst den Menschen aus seiner vorherigen Situation, über Bewegung kann er in sein seelisches Gleichgewicht kommen und ist dann bereit und willens, sich auf eine neue Sache einzulassen.

Das Material
Die Bezeichnung „Ytongstein" ist ein Markenname. Der Oberbegriff für das Material ist Porenbeton, ein Massivbaustoff in Form von Steinen oder größeren Elementen, die zum Hausbau verwendet werden. Für die Herstellung von Porenbeton werden folgende Grundstoffe verwendet: Quarzhaltiger Sand, Wasser, gebrannter Kalk oder Zement, Anhydrit oder Gips, Aluminium (als Pulver oder Paste). Der quarzhaltige Sand wird mehlfein gemahlen, alle Grundstoffe werden entsprechend der Rezeptur miteinander vermischt. Die so entstandene dünnflüssige Masse wird in Formen gefüllt. Das zugegebene Wasser löscht den Branntkalk ab. Dadurch reagiert er nun chemisch mit dem Aluminium und es entsteht Wasserstoff. Das Wasserstoffgas steigt auf und entweicht. Dabei bläht es die Masse mit kleinen, gleichmäßig verteilten Bläschen auf. Man kann diesen Vorgang durchaus mit der auftreibenden Wirkung von Backpulver im Kuchenteig vergleichen. Nach dem Erhärten, Schneiden und Dampfhärten können wir den Baustoff in verschiedenen Größen im Baustoffhandel kaufen.

Ytong – „Baustoff" für große und kleine Kinder
Für die Arbeit mit Kindern eignen sich Ytongblöcke in der handelsüblichen Größe von 20 x 24 x 60 cm, die wir auch noch in kleinere Stücke sägen können, wenn wir den Stein mit jüngeren Kindern bearbeiten wollen. Mit älteren Vorschulkindern können wir beispielsweise eine große Gartenskulptur für das Außengelände der Einrichtung fertigen, eine Gemeinschaftsarbeit aus einzelnen aufeinandergetürmten Blöcken, zu der jeder in der Gruppe seinen individuellen Beitrag leistet. Über dieser Möglichkeit, eine große Skulptur zu gestalten, sollten die Kinder zu Beginn der Arbeit noch nicht informiert werden, denn zunächst ist das eigene Gestalten vorrangig. Für die Jüngeren schneiden wir Ytong-Quadrate zurecht, aus denen wir ebenfalls kleine „Schmuckstücke" für drinnen und draußen gestalten können.

Materialerkundung

Jedes Kind erhält einen Ytongblock und kann zwei lange Seiten und zwei Seitenteile seines Steins bearbeiten. Doch zunächst einmal will das Material erforscht werden!

◉ Beeindruckend ist die Größe der Ytongblöcke: 20 x 24 x 60 cm, strahlend weiß, in der Form exakt gleich! Die Kanten sind scharf, an den

Seitenteilen Einbuchtungen und Erhöhungen, die wie ein Puzzle ineinander passen. Porenbeton riecht kaum, ein bisschen nach Stein und
Zement. Die Blöcke sind schwer, aber für kräftige Mädchen und Jun-
gen doch zu heben. Beim Zurücklegen auf den Boden tönt das Material,
ein bisschen hohl, ein bisschen dumpf, aber auch „etwas Helles" klingt
mit. Auffallend sind die vielen, vielen kleineren und größeren Löcher in
der Oberfläche. Besteht dieser rechteckige Klotz nur aus Löchern? Aus
Luft? Aneinander gereihte Luft?

◎ Wir nehmen eine Lupe zu Hilfe, um die Blöcke genauer zu betrachten.
Streichen die Finger über die Oberfläche, spüren sie das raue, körnig
strukturierte Material. Steinmehl färbt die Finger weiß, kleine Brösel
lösen sich. Drücken wir mit dem Daumen fest hinein, bewirken wir
nichts, das Material gibt nicht nach. Die Fingernägel beginnen vorsichtig zu kratzen, sie hinterlassen Spuren. Unter den Nägeln sammelt sich
das Abgeschabte – unangenehm!
Inzwischen sind die Kinder durch das Material animiert und motiviert.
Sie sind neugierig, wollen weiter entdecken, erforschen, ausprobieren
und ausreizen. Was ist möglich? Was ist erlaubt? Was kann ich mit meinen Händen bewirken, mit meiner Kraft?

Mit „echtem" Werkzeug arbeiten

Raspeln, Feilen und so weiter
Aufgrund der Erfahrungen in der Wahrnehmungsphase ist den Kindern klar,
dass Finger und Hände nicht ausreichen, den Stein zu bearbeiten. Daher liegt
entsprechendes Werkzeug bereit: Handelsübliche Raspeln und Feilen für die

Holzbearbeitung, grob und fein; Handbohrer, Sägen verschiedener Größe und Zackenstärke, Schraubenzieher, Schmirgelpapier in unterschiedlicher Stärke, eine Bohrmaschine, die allerdings ausschließlich vom Erwachsenen bedient werden darf. Ganz bewusst sind aber auch Löffel, Gabeln, Holzstäbchen, Steine, Schaschlikspieße und dergleichen mehr bereitgelegt.

Animiert durch das Werkzeug erwarten die Kinder hoch motiviert den Startschuss zum Agieren. Denn das Hantieren mit Werkzeugen entspricht nicht dem gewohnten Umgang mit Kinderspielzeug und seine Wirkung im Hinblick auf Neugierde, Interesse und Motivation ist enorm. Das Werkzeug will ausprobiert, benutzt, eingesetzt werden. Der Stein will bearbeitet werden!

Hinweise zum sachgemäßen Umgang mit Werkzeug und Material

Meist greifen die Kinder sofort zu den Raspeln, denn wo Fingernägel wenig bewirken, nützen auch Schaschlikspieße nicht sehr viel. Auch die Löffel taugen allenfalls zum Kratzen und Schaben, das richtige Werkzeug ist einfach effektiver. Raspeln und Feilen werden mit der Breitseite oder auch mit der Kante angesetzt. Dies kann auf der flachen Oberfläche, an den Ecken oder am Rand geschehen. Klare Hinweise zum Umgang mit dem Werkzeug und zur Vorgehensweise, wie z. B. „Immer weit genug weg von der anderen Hand, die den Klotz festhält, arbeiten", helfen Verletzungen zu verhindern, ohne die Kinder durch übertriebene Warnungen in ihrem Tatendrang einzuschränken. Doch gibt es sicher hin und wieder auch Momente, wo der Erwachsene zur Sicherheit des Kindes sofort eingreifen und den sachgemäßen Umgang erklären und zeigen muss.

Achtung: Ytong-Steine sollten wegen der Staubentwicklung nicht in geschlossenen Räumen bearbeitet werden. Um eine Gesundheitsgefährdung auszuschließen, ist ein Mundschutz empfehlenswert. Das finden Kinder meistens auch ganz lustig.

Hörbare Spuren

👁 Was an Material weggearbeitet wird, kann das Kind nicht nur als weißen Staub sehen, sondern auch als Geräusch wahrnehmen: „Ri-sche, ra-sche, ri-sche ra-sche ...". Dieser Sprachimpuls begleitet einige Zeit das Tun, macht Bewegung und Geräusch bewusst und fördert gleichzeitig eine gleichmäßig ablaufende Bewegung.

Schenk-Danzinger (1973) bezeichnet diesen Prozess als „sensomotorische Koordination". Damit ist die Steuerung motorischer Abläufe durch ein Sinnesorgan – in diesem Fall das Ohr – gemeint. Erfolgen Geräusch und Bewegung im Einklang eines selben Rhythmus, hebt dies den Vorgang ins Bewusstsein. In der

Wiederholung des synchron ablaufenden Bewegungs- und Sprachrhythmus erlebt das Kind Spaß an seinem Wirken und Erfolg. Ist der Sprachrhythmus „ansteckend", erfährt die Gruppe die emotional-soziale Komponente gemeinsamen Arbeitens. Die hörbare Bewegung ist der Impuls für die sich wiederholende Bewegung der Hände und Arme und macht das gemeinsame Arbeiten zum Gruppenerlebnis, das die soziale Beziehung, die Bindung der Kinder untereinander fördert. Gleichzeitig ist die hörbare Bewegung Motivation für die Ausdauer im individuellen, eigenständigen Arbeiten.

Sichtbare und fühlbare Spuren

Spuren sind die Basis für die Gestaltung des Steins. Aus Arbeits- und Werkzeugspuren werden reizvolle Strukturen. Aus zufällig entstehenden Spuren werden absichtliche Spuren. Daraus entstehen ohne Leistungs- und Ergebnisdruck Bilder, Skulpturen, Reliefs. Der Beginn der individuellen, gestalterischen Ausdrucksform, vielleicht der Kunst!

- „Wo gehobelt wird, da fallen Späne." – Wo geraspelt wird, da entsteht Staub, Stein-Staub! In immer größer werdenden Mengen. Fasziniert können die Kinder daran ihren „Erfolg" messen, Messen in Menge und Struktur. Bei groben Raspeln und Feilen ist der Staub grobkörniger, in der Quantität kommen die Kinder schneller zum Erfolg! Mit feinerem Werkzeug werden auch die Körnchen zermahlen. Diesen Zusammenhang zu entdecken, bedarf es möglicherweise der Impulse der Erzieherin. Die Finger spielen im Staub, lassen ihn durch die Hand rieseln, reiben ihn zwischen den Fingern, den Handflächen. Wenn die Augen dabei geschlossen sind, können Hände und Finger noch intensiver „sehen" und fühlen. Diese Wahrnehmungsphase ist eine gute Chance für eine kleine Pause bei der anstrengenden Tätigkeit. Mit einem Vergrößerungsglas kann man den Staub genauer untersuchen. In der ruhigen Atmosphäre des Betrachtens werden die Kinder ihre ersten Beobachtungen und Erfahrungen verbalisieren.
- Während Fingernägel nur kleine Spuren erzeugen, hinterlassen Werkzeuge sichtbar größere Spuren: tiefe, flache, breite, enge, weite, eckige, runde, vierkantige, zylindrische, schräge, geometrische, lineare Spuren.
- Mit grobem Werkzeug können auch Stücke abgebrochen, mit Sägen Ecken herausgeschnitten werden. Große Dreiecke bewahren wir für die spätere Ausgestaltung unserer Gartenskulptur auf. Die Kinder zerreiben die kleinen Stücke noch zu Staub, um ihn zu sammeln. Diesen kann man eventuell später, mit Kleister angerührt, für eine andere Werkarbeit nutzen.

Experimentieren mit unterschiedlichen Werkzeugen

Die Kinder experimentieren nacheinander mit den verschiedenen Werkzeugen am Stein, um sich den technischen Umgang mit ihnen anzueignen und die jeweils unterschiedliche Wirkung auf das Material zu erleben. Jedes Werkzeug hinterlässt andere Spuren: Rillen, Ritzen oder Flächen verändern sich, sobald das Werkzeug anders angesetzt, gedreht, geklopft oder aber mit einem anderen getauscht wird. Kanten, Rundungen, keilförmige Rillen werden zu einem Begriff. Das Kind kann sie nicht nur sehen, sondern auch mit den Fingern, den Händen be-greifen, ertasten, spüren. Auch die Intensität, die Kraft,

mit der das Kind mit Feile oder Raspel, Handbohrer oder Schraubenzieher zieht, schiebt, dreht, bohrt, reibt, den Stein bearbeitet, erzeugt Impulse und Motivation für das weitere Experimentieren.

Hoch motiviert gehen die Kinder ohne Ergebnisdenken, aus reiner Neugierde auf den Umgang mit dem Werkzeug und mit unvoreingenommener Experimentierfreude an das Material heran. Ihnen ist das gezielte Vorgehen zur Gestaltung des Steins nicht bewusst und auch nicht wichtig. Für sie stehen zunächst das Ausprobieren verschiedener Werkzeuge und das Entdecken der sichtbaren Effekte am Ytongstein im Vordergrund.

Experimentieren mit einem Werkzeug

Manche Kinder bleiben von Anfang an ausdauernd an einem Werkzeug, um es in möglichst differenzierter Weise einzusetzen. Erforschen, Entdecken, Verändern, Umkehren, Wiederholen, Zufälle zur Absicht machen sind die Grundlagen zum differenzierten Hantieren, zum gezielten Einsatz und Erfahrungen-Sammeln mit *einem* Werkzeug.

Das „Können-und-beherrschen-Wollen", Geschicklichkeit im Umgang mit Bohrer, Säge, Feile, Raspel sind Anreiz und fördern nicht nur das Selbstbewusstsein und die Ausdauer, sondern auch logisches und abstraktes Denken.

Die Arbeitsspuren im Stein spiegeln für das Kind Art und Intensität seines Vorgehens mit dem Werkzeug wider. Mit zunehmend differenzierterem Hantieren wachsen technisches Problemlösungsverhalten und Kreativität, um dem ausgedachten Gestaltungsziel nahe zu kommen. Der Weg dazu wird nicht vom Erwachsenen mit seinem Erfahrungsvorsprung vorgegeben. Jedes Kind hat die Chance, das Arbeitsniveau seinem Entwicklungsstand entsprechend selbst zu bestimmen. In der selbst erfahrenen Bestätigung seines Arbeitens liegt die Motivation, mehr zu erreichen, die Messlatte höher zu legen. Ein wunderbarer Weg, mit dem eigenen Tun zu wachsen!

Die Entscheidung, von einem Werkzeug zu einem anderen zu wechseln, trifft das Kind dann, wenn es für sich die Möglichkeiten des ersten Geräts ausgeschöpft hat. Es wird auch es bei der Arbeit z. B. sehr bald erkennen, dass es mit der Raspel schlecht ein rundes Loch bohren kann oder dass ein Keil mit der Säge schneller und exakter aus dem Stein gesägt werden kann. Impulse kommen aus der Beobachtung der anderen Kinder beim Arbeiten oder entspringen der eigenen Erkenntnis. Die Entscheidung für die Wahl des Werkzeugs liegt beim Kind selbst. Das stärkt in jedem Fall seine Persönlichkeit, sein Selbstbewusstsein, sein logisches Denken und seine Fähigkeit, Verknüpfungen herzustellen!

Unterstützung durch den Erwachsenen

Bohrt der Erwachsene ein großes Loch mit dem elektrischen Bohrer vor, ist dies ist ein starker Impuls und eine konkrete technische Hilfe. Die weitere Ausarbeitung kann das Kind selbst mit einer Rundfeile durchführen und gestalterisch bestimmen. Breite und schmale Löcher, konisch zulaufende Löcher, ovale Seitenränder, Wellen im Lochrand oder Kanten ergeben sich manchmal durch Zufall.

Beschreiben der sichtbaren Spuren statt bewerten

Impulse setzt die Erzieherin durch Beschreiben der Arbeitsspuren auf der Oberfläche des Steins: Rillen, Ritzen, Gräben, Ecken, Keile, Schlitze, Bögen, Löcher, schiefe Ebenen, fortlaufende Muster und andere Gestaltungsmerkmale. Dem Kind wird durch das Verbalisieren bewusst, was es bereits erarbeitet hat. Die Förderung des sprachlichen Ausdrucksvermögens durch Finden geeigneter Begriffe und Worte erfolgt spielerisch, weil das Kind sich mitteilen will. Freude am bereits Erreichten und an der Bestätigung durch den Erwachsenen intensiviert die Beziehung.

Offen sein für neue Möglichkeiten – Aus dem Zufall wird Absicht

Zufällig Entstandenes erweitern, „um die Ecke denken" – Kinder haben diese Fähigkeit noch. Sie sehen mit anderen Augen als der Erwachsene. Das Detail ist ihnen wesentlich und sie verfolgen es beharrlich, weil es ihnen im Tun, im gegenwärtigen Moment Spaß macht und wichtig genug erscheint, es zu verfolgen. In der Fähigkeit, den Zufall zu sehen und in Absichten zu verwandeln, liegt die kreative Chance. Dieser Weg, aus dem Zufall eine Absicht zu machen, wird von vielen Künstlern genutzt.

Das Kind verfolgt diesen Weg intuitiv, aus der Situation heraus und nicht von einem intendierten Ergebnis her denkend. „Diese Rille hat die Raspel gemacht", sagt das Kind. Es entschuldigt sich nicht, dass aus Versehen etwas geschehen ist, was nicht beabsichtigt war. Es hat die innere Freiheit, den „Fehler" umzuwandeln in eine positive, neue Bearbeitung des Steins. Mit dieser Haltung sind vermeintliche Fehler nicht tatsächlich Fehler. Denn nicht beabsichtigte Spuren lassen sich jederzeit in absichtliche Linien, Formen, Löcher, Rillen verwandeln.

Pädagogische Haltung

Dieser kreative Prozess braucht eine Atmosphäre, die Freiraum und Entdeckungslust zugesteht. „Das Gefühl, als Person ernst genommen zu werden, erhöht den Mut, kreativ zu sein!" (Seitz 1998: 40) Vom begleitenden Erwachsenen verlangt dies – wie schon mehrfach betont – eine innere Haltung, die dem Kind eigenständiges Handeln zugesteht. Das braucht ein Klima der Sicherheit, in dem Angst vor Versagen, vor Fehlern oder vor Leistungserwartungen keinen Raum haben. Nur in einer solchen Umgebung hat das Kind Mut, Lust und Freude auf das Zulassen von Überraschungen, Entdeckungen, auf Weiterentwicklung von eigenen Vorstellungen.

Methodische Rezepte gibt es nicht – Reize werden zu Impulsen

Das Ziel, eine Gartenskulptur zu gestalten, ist ein konkretes Ziel. Für den Weg dorthin gibt es jedoch kein Rezept. Ihn muss der Erwachsene aus der Situation der jeweiligen Gruppe beginnen: Sehen, Ablesen, Hinhören, Erkennen, Widerspiegeln, Einfühlen, Erforschen, Entdecken sind die Voraussetzungen, auf diesem Weg mit dem Kind zusammen zu starten. Die beste Basis für freies Schaffen ist, sich, und zwar Erwachsene wie Kinder, neugierig zu machen, Reize zu schaffen, Herausforderungen zu ermöglichen, Experimentierfreude zu wecken und damit Lust am kreativen Arbeiten.

Das jeweilige methodische Vorgehen hängt davon ab, welche Reize der Erwachsene bieten kann.

> 👁 Das Material als solches ist erster, starker Reiz: Die Neugierde wird verstärkt durch intensives Wahrnehmen des Materials mit allen Sinnen, mit dem ganzen Körper. Nicht nur die Augen betrachten genau die Form und Gestaltung. Die Hände fühlen Form und Material. Der Körper erfasst die Festigkeit: Ich kann darauf stehen! Die Länge des Blocks kann ich an meiner Körpergröße messen. Das Gewicht ist gewaltig, aber nicht unüberwindbar!

◉ Einen weiteren großen Anreiz schafft mit Sicherheit das Werkzeug. Es fordert Lust und Freude am Experimentieren und den Mut, Überraschungen zuzulassen. Ein eher vorsichtiges oder ängstliches Kind wird sich zunächst behutsam mit Löffeln und anderen „ungefährlichen" Werkzeugen ausstatten. Gewinnt es im Laufe der Tätigkeit mehr und mehr Sicherheit, so wird es sich auch an eine Raspel oder Feile heranwagen. Es kann den Zeitpunkt zum Wechseln nach seinem eigenen Zutrauen selbst bestimmen. Wichtig ist, dass der Erwachsenen die Vorsicht nicht nur negativ, als einschränkende, hemmende Kraft sieht, sondern positiv als kontrollierende Selbststeuerung des Kindes wertet. Er wird jedoch das Kind in seiner Geschicklichkeit im Umgang mit „echtem" Werkzeug anleiten und unterstützen.

Lernerfahrungen

Der Umgang mit Werkzeug erfordert Geschicklichkeit. Bewegungsabläufe können nach und nach automatisiert und gezielt, abhängig von der jeweiligen Situation, eingesetzt werden. Feinmotorik und Koordination entwickeln sich und stabilisieren sich. Diese motorische Intelligenz ist gleichzeitig eine Voraussetzung für logisches Denken, für die kognitive Entwicklung. Ausdauer und Durchhaltevermögen ergeben sich aus den immer sich wiederholenden neuen Reizen. Was mich neugierig macht, will ich auch wissen, d. h. zu Ende finden, entdecken, erfahren, erleben.

Pausen sind schöpferische Zeiten

Pausen sind keine Lücken sondern kreative Schöpfungszeiten. Es empfehlen sich Pausen durch Bewegung im Garten. Großmotorische Bewegungsphasen, zeitlich strukturiert durch eine Handtrommel, verhelfen zur Entspannung, lassen Abstand gewinnen und bringen gleichzeitig neuen Anreiz zum Weiterarbeiten.
Pausen können zum Entdecken von Nuancen des Gestalteten, zum Betrachten und Beschreiben genutzt werden. Beim gemeinsamen Beobachten kann sich der Erwachsene dem Kind intensiv zuwenden und die emotionale Beziehung wird vertieft.
Pausen können auch einen oder mehrere Tage dauern. Das schafft Distanz. Der Erwachsene kann dann einen Neuanfang mit einzelnen Kindern beginnen, ihr Werkstück mit ihnen betrachten und gemeinsam überlegen, wo und wie am besten weitergearbeitet werden kann. Auch zum Trinken oder Essen braucht es Pausen: Staub macht durstig, verbrauchte Energie hungrig!

Eine Gartenskulptur als Gemeinschaftswerk

Haben die einzelnen Kinder die Gestaltung ihres Ytongblocks abgeschlossen, können wir daran gehen, die einzelnen Werkstücke zu einer großen Skulptur zusammenzufügen, die wir im Außengelände des Kindergartens oder der Tagesstätte aufstellen.

Das Zusammenkleben der Steine erfolgt mit Dünnbettmörtel, in seiner Zusammensetzung identisch mit Fliesenkleber. Porenbetonsteine müssen vor Witterungseinflüssen (Wassereindringen) geschützt werden, sonst platzen sie bei Frost. Schutz bietet ein farbloses, die poröse Oberfläche

sichtbar lassendes Hydrophobierungsmittel aus dem Baustoffhandel. Alternativ kann man auch Acrylfarbe bzw. Fassadenfarbe verwenden. (Nähere Informationen sind beim Bundesverband Porenbetonindustrie e. V. 65187 Wiesbaden erhältlich.)

Ytong-Quadrate für jüngere Kinder

- ◉ Im Gegensatz zu den älteren Kindern erhalten die jüngeren Vorschulkinder keine ganzen Ytongblöcke. Für die Arbeit mit den Kleinen werden handlichere Ytong-Quadrate von etwa 20 x 20 cm vorbereitet, die der Erwachsene aus 5 cm dicken Platten sägt.
- ◉ Als Impuls zum Einstieg in die handwerkliche Arbeit raspelt, feilt, sägt, bohrt er vorher einige Ritzen, Rillen, Kanten, Ecken, kleine oder größere Löcher in die Quadrate.
- ◉ Die Kinder können um den Tisch herumgehen, die Steinquadrate betrachten und ein Stück aussuchen, an dem sie gerne weiterarbeiten wollen. Der visuelle Reiz fördert den Mut, selbst zum Werkzeug zu greifen. Für die zarten, kleinen Finger und Hände eignen sich nur kleine Feilen, die zusammen mit Löffeln und abgerundeten Messern bereitliegen. Grobe Raspeln und Feilen kann sich das Kind holen, sobald es sich selbst zutraut, damit zurechtzukommen.

⊚ Einige Kinder stürzen sich voll Eifer in die Tätigkeit, andere schauen zuerst noch zu, probieren zunächst vorsichtige Zeichen mit dem Löffel. Nach und nach wächst die Neugierde, wie Spuren entstehen, wachsen, verändert werden können. Mut und Experimentierbereitschaft kommen hinzu und fördern fantasievolle Lösungen, Zutrauen und Selbstwertgefühl.

Im Einzelgespräch kann der Erwachsene herausfinden, wann und wie er technische Hilfen beim Vertiefen einer Rille, beim Vergrößern eines Loches oder beim Heraussägen einer Ecke geben kann. Kleine, methodische Schritte mit klaren Impulsen und Anweisungen verhelfen dem Kind zu eigenen Lösungen. „Hilf mir, dass ich es selbst kann!" ist die beste Maxime, um den Kindern buchstäblich nicht zu viel aus der Hand zu nehmen.

Umgang mit Unruhe, Unkonzentriertheit und mangelnder Ausdauer

Manche Kinder fallen in der Gruppe häufiger durch unruhiges und unstetes Verhalten auf. Sie sind zappelig, leicht ablenkbar, zeigen Aufmerksamkeitsstörungen und ein unkontrolliertes, oft nicht einschätzbares Verhalten in Bewegung und Koordination. Mit solchen Erscheinungsformen konfrontiert, muss der Erwachsene in dieser Werksituation pädagogisch abwägen zwischen Freiheit und konsequenten Orientierungshilfen. Dem freien Schaffen, Erproben, Erforschen, Entdecken und Hantieren stehen einzuhaltende Regeln und ein wünschenswertes, sozial-kommunikatives Miteinander gegenüber. Es gilt, durch sensibles Beobachten und mit gezielten Impulsen, durch Ermutigung und klare Absprachen eine kreative Atmosphäre zu schaffen.

Eine konkrete Unterstützung der Ausdauer ist das Betrachten der Spuren am eigenen Ytongblock oder bei den anderen Werkstücken. Durch das laute Kommentieren seines Handelns, durch Verbalisieren abzuwägender, alternativer Lösungsmöglichkeiten befindet sich das Kind in der Gegenwart, konkret in der momentanen Arbeitssituation. Über das Gespräch ist es nicht allein und kann in dieser kommunikativen Gemeinschaft mit dem

Erwachsenen oder anderen Kindern leichter bei der Sache bleiben. Der Erfolg im Durchhalten von längeren Arbeitsphasen bestätigt das Kind in seinem Selbstbewusstsein und fördert somit das weitere positive Verhalten.

Pausen beleben und geben der Beziehung Raum

Pausen sind strukturierende Teilelemente kreativer Beschäftigungszeiten. Arbeit schöpft aus, er-schöpft an Leib, Seele und Geist. Bewegung im Garten und auf den Spielgeräten, Lauf- und Fangspiele sind alternative Betätigungen, die die vorherigen Reize ausgleichen. Sie fördern die Durchblutung, tanken Energiereserven auf, bauen Spannungen, Unsicherheit und Stress im positiven Sinn ab und ermöglichen anschließend neue Lernerfahrungen.

Pausen zum Essen und Trinken oder Bewegen oder das gemeinsame Betrachten von Fotos von fertigen Skulpturen sind entspannend, schaffen Abstand und erzeugen gleichzeitig neue Lust auf das Weiterarbeiten. Pausen können auch zum Fotografieren der Werkstücke, zum Betrachten und Beschreiben der eigenen Werkarbeiten genutzt werden. Beim Verbalisieren erhält die emotionale Beziehung zwischen Kind und Erwachsenem Raum: Zuwendung und Wertschätzung kommen zum Ausdruck.

Das Werk zu Ende bringen

Für alle Beteiligten kann es eine wunderbare Erfahrung sein, von einer Werkarbeit eingefangen, sogar besessen zu sein. Aufeinander aufbauende Lösungsschritte bei der Gestaltung des Ytongsteines mit den Werkzeugen ergeben immer wieder neue Perspektiven. Ein Zufall führt zum nächsten Ereignis, zu einem Zwischen-„Ergebnis", aus dem wieder weitere Resultate hervorgehen. In dieser Gestaltungsphase ist die Gefahr nicht sehr groß, sich allzu schnell auf ein konkretes Endergebnis festzulegen und sich damit einzuschränken. Aussagen wie etwa „Kann ich nicht!" oder „Ich habe leider wenig Fantasie!" werden durch den Zufallsfaktor beim Hantieren mit dem Werkzeug am Material weitgehend von selbst entschärft. Der Reiz zum Umgang mit „echten" Feilen und Raspeln ist meistens stärker als mangelndes Interesse oder die Angst vor

Versagen. Das Kind ist ernst genommen. Es wird ihm handwerkliches Geschick zugetraut! Das stärkt sein Selbstbewusstsein und Zutrauen zu sich selbst, fördert Neugierde, Mut und Entschlossenheit. Die beste Voraussetzung für ein experimentelles, kreatives Gestalten!

Das Kind braucht Zeit und Raum zum Entdecken, zum Anschauen und Betrachten, zum Verweilen, zum Schaffen von Querverbindungen, zum Entschlüsse-Fassen. Das Handeln wird durch sein individuelles Tempo und seinen ihm eigenen Rhythmus in Wahrnehmung, Motorik, Denken und Fühlen bestimmt. „Der Realismus im Denken zeigt sich zunächst in der Tendenz, nur die Aspekte der Wirklichkeit zu beachten, die in der gegenwärtigen Wahrnehmung sind." (Oerter 1973: 321) Daher wird das Kind ganz spontan und aus der momentanen Gefühlssituation heraus entscheiden, wann es seine Arbeit als fertig und zu Ende gekommen betrachtet.

Eckig, rund und bunt – Rhythmik mit Glassteinen

Das Material

In anthroposophischen Spielzeugläden, aber auch in Dekorationsgeschäften und in der Geschenkabteilung von Kaufhäusern finden Sie ein reichhaltiges und durchaus erschwingliches Angebot an schönen Glassteinen und -objekten in den wunderbarsten Formen und Farben, die sich gerade so in einer Kinderhand verstecken lassen. Diese kleinen Kunstwerke lassen Glasbläser aus massiver Glasmasse entstehen: unregelmäßige Vierecke mit runden Einkerbungen, „Beulenecken" und eingebuchteter Oberfläche, unebenmäßige Fünfecke mit schiefer Ebene oben, verdrehte Kegel und scheinbar zufällige Glasklumpen, fast exakte Würfel. Lufteinschlüsse wirken wie eine perlende Flüssigkeit im Inneren des Glassteins. Beim Durchschauen bricht sich das Licht in verschiedenen Ebenen, Farb-Reflexionen aus der Umgebung lassen auch glasklare Objekte bunt schillern – wahre Zaubersteine, in denen sich die Augen verlieren und wir beginnen zu träumen …

Meine Sammlung diverser Glasobjekte erfreut sich großer Beliebtheit bei Kindern, Jugendlichen und Erwachsenen. Die funkelnden Steine, die Sie für Ihre Rhythmik-Arbeit mit großen und kleinen ansprechenden Murmeln ergänzen können, animieren dazu, immer neue, fantasievolle Muster zu legen, regen zum Erfinden von Traumgeschichten und klickernder Musik an. Man muss sie nur ansehen!

Einstieg mit Musik und Bewegung

Unsere Rhythmikeinheit beginnt wie immer mit Bewegung zu Musik. Xylophon, Flöte, Trommel oder Hölzchen spielen Musik zum Laufen, Gehen, Hüpfen, Schleichen, Stampfen. Die Kinder bewegen sich zur Musik im Raum. Gegensätzliche Raumwege kennzeichnen die Bewegung: Kurven, Schlangenlinien, eine Acht, gerade Wege vor und rückwärts, auch seitwärts. Zur Orientierung liegen vorerst kleine Filzkreise verteilt im Raum, um die die Kinder herumgehen oder -laufen. Später können wir auf ihnen die Glasobjekte ablegen.

Wahrnehmen und Experimentieren

Eine Schale mit Glassteinen und Glasmurmeln steht in der Mitte als Impuls bereit:

Ausgiebiges Betrachten:
- 👁 Welche Farben sind zu sehen?
- 👁 Welche Formen sind erkennbar?
- 👁 Ist das Material sofort erkennbar?
- 👁 Haben alle Glassteine die gleiche Größe?

Intensives Hören:
- 👁 Geräusche beim Drehen der Glasschale
- 👁 Klänge beim Rütteln und Schütteln des Behälters
- 👁 Unterschiedliche Töne einzelner Kugeln und Steine, wenn sie aneinander stoßen

Auswählen, intensiveres Betrachten und Beschreiben der einzelnen Steine:
- 👁 Ist mein Stein durchsichtig?
- 👁 Sind die einzelnen Stücke einfarbig, mehrfarbig?
- 👁 Wie wirken sich Licht und Schatten aus?
- 👁 Sind die Form, Ecken, Kanten, Luftbläschen, Sprünge beim Durchschauen zu sehen?
- 👁 Sind Strukturen, Muster, Beulen im Glas?
- 👁 Glas-Steine sind kalt oder warm, hart, fest, feucht oder trocken ...

Befühlen der Oberfläche:
- 👁 Viele Entdeckungen, die wir mit unseren Augen machen, können wir auch fühlen.
- 👁 An den Glassteinen sind keine scharfen Spitzen, Ecken, Kanten.

- ◉ Glatte Flächen wirken weich, besonders wenn damit über empfindsame Hautpartien gestrichen, gestreichelt wird.
- ◉ Strukturen wie Rillen und andere Vertiefungen oder Erhöhungen, ebenso schiefe Ebenen sind spürbar.

Riechen des Materials:
- ◉ Hat Glas einen Geruch? Nein. Oder doch? Wie riecht dieses Objekt?

Bewegen und experimentieren:
- ◉ Wir tragen unser Glasobjekt auf unterschiedlichen Körperteilen zu Musik durch den Raum. Allein auf der Hand gibt es unzählig viele Möglichkeiten! Wird die Musik unterbrochen, wechselt der Stein die Position am Körper. Wählen Sie dazu eine zarte Musik mit einem langsameren Metrum, wie z. B. *Land of Enchantment* oder *Silver Air* von Deuter.
- ◉ Das durch intensives Betrachten, Befühlen, Beschreiben inzwischen vertraute Glas können wir
  – am Boden bewegen: schieben, rutschen, kullern;
  – vorsichtig hochwerfen und auffangen;
  – zwischen bzw. auf den Handflächen reiben, drücken, streichen.
  – Im Partnerspiel ertönen die Glassteine.
- ◉ Die Glassteine werden auf den Filzkreisen abgelegt, durch diese Präsentation werden sie in ihrer Kostbarkeit aufgewertet, ohne dies zu verbalisieren. Alle Teilnehmer/innen bewegen sich zur Musik um die am Boden liegenden Glassteine. Findet jedes Kind am Ende der Musik seinen Stein wieder?
- ◉ Selbst Glasstein sein: Wir versuchen, die Form des Glasobjektes mit dem eigenen Körper darzustellen. Kann ich über die „Kanten" rollen? Kann ich so rund und flach aussehen wie die grünen Glasplatten, oder kullern wie eine Murmel?

Zum Abschluss eine Fantasiereise

An die zahlreichen Entdeckungen und Erfahrungen mit den Glassteinen schließt sich am Ende eine Fantasiereise an, die Sie mit den Kindern gemeinsam entwickeln. Sie breiten eine große, weiche Wolldecke aus. Betonen Sie gegebenenfalls die ruhige Atmosphäre mit einer sehr leisen, „glasig" zart anmutenden Hintergrundmusik, welche störende Umweltgeräusche schluckt.

Du suchst dir einen Platz, an dem du dich wohl fühlst. Du setzt oder legst dich so hin, dass du in deinen Glas-Zauberstein hineinsehen kannst.
Da war ein Kind, das hatte einen Zauberstein, wie du. Es sah hinein und entdeckte …

Methodisches Vorgehen

Bei dieser Fantasiereise sind die Kinder beteiligt. Gehen Sie also nicht mit einer fertig vorbereiten Erzählung in diese Situation. Die Erzählung entsteht beim Erzählen und entspringt der augenblicklichen Fantasie der Kinder. Korrigieren Sie nicht. Wortschöpfungen sind erwünscht. Wiederholen Sie in kleinen Abschnitten, was die Kinder finden und erfinden. Fassen Sie Entdeckungen zusammen und bündeln Sie diese in kleinen Sätzen. Die Kinder finden den Schlüssel zur Handlung der Geschichte selbst. Vorsichtige Impulse Ihrerseits wechseln sich mit Anregungen der Kinder ab. In einer vertrauensvollen Umgebung, in der sich Kinder emotional wohl fühlen, wird es eine zauberhaft durchsichtige Geschichte werden. Vielleicht wird sie sogar aufgeschrieben!?

Wie wichtig gemeinsam erfundene Geschichten sind, leitet sich aus der täglichen Erfahrung von Pädagogen ab, die teilweise große Sprachdefizite bei Kindern beobachten. „In immer weniger Familien gibt es Gespräche, in denen Einschätzungen und Meinungen über das reale Leben ausgetauscht werden. Eine Studie des Familienministeriums meldet Erschreckendes: Drei Stunden und 35 Minuten sind Eltern täglich mit ihren Kindern zusammen, davon eine Stunde vor dem Fernsehen. Für Gespräche bleiben täglich ganze 19 Minuten! Wen wundert's da noch, dass der Anteil sprachgestörter Kinder im Alter von drei bis vier Jahren seit 1982 von 4 % auf 34 % gestiegen ist. Wenn die eigene Erfahrung mit der Umwelt oder das Gespräch mit anderen ausbleiben, dann kann nur in den Bildern das Maß aller Dinge gesucht werden. Aber das Greifen, das allem Begreifen unabdingbar vorausgeht, kann weder durch spannende Fernsehfilme noch durch elektronische Computerbilder ersetzt werden. Der Regenwurm fühlt sich nur in der Hand feucht und geschmeidig an und nicht im Fernsehen!" (Liebertz 1999: 67) In der eigenen Hand mit allen Sinnen wahrgenommen kann der Glasstein tatsächlich zum Zauberstein für sprachlich geäußerte, innere Bilder werden.

Rugel (Rundhölzer) rollen, rumpeln, rieseln

Das Material

„Was sind eigentlich Rugel?", werden Sie sich wahrscheinlich fragen. Als Rugel bezeichnet man ein Rundholz, ein abgesägter Abschnitt eines Baumstammes. Für den Einsatz in der Rhythmik eignen sie sich in einer Länge von 30 bis 40 cm und einem Durchmesser von 15 bis 20 cm. Besonders schön ist, wenn die Rinde nicht entfernt ist. Allerdings sollten Sie dann Besen und Schaufel bereitstellen. Rhythmik mit Naturmaterialien wie z. B. Holzrugel baut eine Brücke zu der uns umgebenden Natur und ermöglicht zahlreiche Sinnes- und Körpererfahrungen, so genannte Primärerfahrungen, die ebenso wie das selbstgesteuerte Lernen in der Rhythmik entwicklungsbedingten Defiziten von Kindern vorbeugen.

In der Wahrnehmungsphase werden wir mit dem Gewicht des Holzrugels, seiner rauen Schale und dem Innenleben, das Aufschluss über die Lebensdauer gibt, vertraut. Über das Experimentieren mit dem Holzrugel hinaus können wir das Material in Form von Scheiben, Platten, Leisten, Klötzen handwerklich verarbeiten. In seiner feinsten Substanz als Holzmehl, auch Sägemehl genannt, regt es zum feinen Modellieren an. Kreatives Gestalten mit Holz ist wie der Baum selbst: Es hat seine Wurzeln, bildet einen Stamm und verzweigt sich bis in die kleinsten Verästelungen.

Bewegen und Experimentieren mit dem Naturmaterial

Einstieg:
- 👁 Die Rhythmikstunde beginnt mit Bewegung zu Musik um die im Raum verteilten Holzrugel. Am Ende der Musik suchen sich die Kinder jeweils einen Rugel aus.
- 👁 *Alternative 1:* Alle Rugel sind in einem stabilen, großen Tuch versteckt. Nach einer freien Bewegung zu Musik tasten, fühlen, beschreiben, raten die Kinder, worum es sich bei diesem Material handelt.
- 👁 *Alternative 2:* Der Erwachsene stellt *einen* Rugel in den Raum. Endet die Musik, stellen sich alle um dieses Holzstück herum. Der nächste, übernächste Stamm usw. wird dazugestellt. Die Kinder verteilen sich zu den Klötzen, bis jedes Kind ein eigenes Holz hat.

Bewegung um das Material:

- ◉ Zur Musik bewegen sich die Kinder um die Hindernisse herum: vorwärts und rückwärts, seitwärts und in verschiedenen Bewegungsarten wie Laufen, Gehen, Hüpfen, Schleichen, Schlurfen, Tippeln, im Seitgalopp, auf den Fersen, auf den Fußkanten, auf Zehenspitzen.
- ◉ Endet die Musik, sitzen, liegen die Kinder neben, auf dem oder um das Holz, nehmen es zwischen die Beine, legen die Unterschenkel auf den Rugel.

Bewegungspausen dienen der Wahrnehmung:

- ◉ Bewegungspausen werden genutzt, um eine Position auf dem Holz oder daneben zu finden: im Sitzen, Stehen, Knien, Liegen.
- ◉ Wir können das Holz genau betrachten und beschreiben: Farbe der Rinde, Ober- und Unterseite, Form, Härte, Oberfläche, Struktur von Rinde und Schnittfläche, Einschlüsse anderer Materialien in der Rinde, Jahresringe, Fasern.
- ◉ Mit Händen und Fingern tasten, spüren, fühlen wir abwechselnd mit offenen und mit geschlossenen Augen und riechen am Holz.
- ◉ Wir beschreiben unsere Wahrnehmungen mit eigenen Worten, finden Begriffe, tauschen Emotionen und Informationen aus.

Kinder sind von Natur aus neugierig und zum Staunen fähig. Wie ein Schwamm saugen sie gierig auf, was sich ihnen an Reizen bietet. Nicht nur hoch begabte Kinder müssen „gefüttert" werden. Es gilt, in allen Bereichen des geistig-emotionalen und körperlichen Erlebens Entwicklungsimpulse zu setzen. Der Entwicklungspsychologe E. Stern bezeichnet die Entwicklung der Kinder als „die unter Einwirkung äußerer Faktoren erfolgende Entfaltung von Anlagen ... wobei den äußeren Faktoren die Bedeutung der Auslösung zukommt." (Stern 1923) Heute weist die Pädagogische Psychologie noch deutlicher darauf hin, dass Begabung und Intelligenz nicht eine festgelegte Mitgift der jeweiligen Erbanlagen widerspiegeln, sondern ohne Zweifel durch handelndes Lernen zu fördern sind. Für Pädagogen stellt sich damit die Aufgabe, den Schwamm zu tränken, Situationen beständigen Staunens und ein Umfeld für experimentierendes Handeln zu schaffen, wie dies beim Erkunden und Entdecken der Holzrugel geschieht.

Freies Experimentieren:

- ◉ Beim freien Experimentieren werden wir mit dem Gegenstand vertraut, erspüren seine Rinde, entdecken die Farbigkeit, erforschen seine Oberfläche, erkunden sein „Innenleben" mit den Jahresringen.
- ◉ Beim Rollen, Schieben, Drehen, Klopfen erforschen wir die Bewegungseigenschaften des Rugels.

- Durch Heben, Schieben, Rollen erfahren wir sein Gewicht.
- Durch Aufstellen, Klopfen, Schieben, Rollen, Aneinanderprallen und -stoßen lassen sich Geräusche erzeugen.

Partnerspiel:
- Zwei Spielpartner, die mit einem Holzrugel experimentieren, erleben Freude und Entdeckungslust beim Zurollen mit Händen, Füßen und anderen Körperteilen, beim Zuschieben, beim gemeinsamen Tragen, Darüberspringen usw.
- Die Kinder entdecken beim Rollen, dass der Rugel nicht immer geradeaus, sondern auch in Kurven, exzentrisch rollt.
- Die Partner helfen sich beim Balancieren auf einem einzelnen liegenden Holz und beim Balancieren auf allen Rugeln in einer Reihe.

Das Gruppenspiel:
- Freies Bauen mit allen Klötzen
- Aneinanderreihen der Holstücke in Länge und Breite
- Über alle Stücke balancieren
- Über die aufgereihten Hölzer springen
- Einen, zwei, oder sogar drei Rugel aufeinander stellen

Wie tönen die Holzrugel?

In einer Zeit, in der wir Menschen mit elektronisch erzeugter Musik überschwemmt werden, brauchen wir Akzente und Anreize, die Herkunft von Ton

und Klang zu erfahren! Wie klingt Holz? In welchen Zusammenhängen stehen seine Klangeigenschaften mit der Bearbeitung, mit der Umgebung, mit mir? Das „Instrument" Holzrugel erzeugt Naturtöne. Wer fühlt, kann spüren und auch hören! Kratzen erzeugt ein anderes Geräusch als Reiben. Klopfen kann hohle und dumpfe Klänge ertönen lassen. Die Kinder werden ermuntert, feine Unterschiede wahrzunehmen. Ursache und Wirkung stehen in einem Zusammenhang und lassen Rückschlüsse zu. Verrät der Klang, wie er erzeugt wurde?

- Töne und Geräusche können wir mit Händen und Füßen erzeugen – durch Klopfen mit der Faust, dem Knöchel am Finger und am Ellbogen, durch Patschen mit Hand- oder Fußfläche, durch Reiben oder vorsichtiges Kratzen.
- Das Rollen des Holzrugels tönt unterschiedlich je nach Tempo und Untergrund, auf dem er bewegt wird. Ein Holzboden leitet Schwingungen stärker als PVC oder das Gras im Garten weiter.
- Zwei kleine Äste, mit denen wir einzeln und gleichzeitig, fest und zart, auf der Fläche oder an der Rinde klopfen, erklingen wie Klöppel.
- Zwei Äste rollen über die Rinde, reiben an verschiedenen Stellen.
- Zwei Äste verursachen laute und leise, helle und dunkle, dumpfe und klingende, kurze und längere Töne.

Gemeinsames Improvisieren mit Tönen und Rhythmen:
Der Erwachsene leitet die Improvisation, greift auf, wiederholt, spielt zu, ordnet und gliedert.

- Alle spielen zusammen im freien Spiel, laut und leise, schnell und langsam.
- Alle spielen in einer Technik in verschiedener Lautstärke und verschiedenem Tempo.
- Das Spiel wird mit Silben und Worten begleitet. Sprachrhythmus und Spielrhythmus sind identisch.
- Rundspiele werden organisiert: Ein Kind beginnt mit einem einfachen Metrum oder Rhythmus, das nächste kommt dazu usw. Wenn alle spielen, hört das erste Kind wieder auf, das zweite, das dritte ..., bis der letzte Spieler auch zum Ende kommt.
- Ein Tutti-Teil, in dem alle dasselbe spielen, wird festgelegt. Damit beginnt die Runde. Er endet mit dem Hochhalten der Stöckchen. Ein Solo des ersten Kindes schließt sich an. Nun wechseln sich Tutti und Solo mehrmals ab. So kann jeder Musiker seine Entdeckung vorstellen und der gemeinsame Teil schließt die Gruppe wieder zusammen. Wiederholen sich bestimmte Spielvorschläge, ist dies kein Nachteil, da jeder Holzrugel anders klingt.
- Echospiel: Der Erwachsene oder ein Kind spielt eine Spielweise vor, alle Übrigen spielen mit oder antworten. Der Wechsel von Solo und Gruppenspiel hat seinen ganz besonderen musikalischen Reiz durch den Gegensatz von laut und leise, von Einzelklang und vielfältiger Resonanz.
- Zuspiel der Namen: Spiel- und Sprachrhythmus sind identisch. „Ich hei-ße Pe-ter", „Ich hei-ße Ma-nu-el", „Ich heiße Ger-lin-de", „Und ich bin die Bar-ba-ra!" Zunächst ist das Spiel in der Kreisfolge leicht erlernbar.

Soll dem Gegenüber zugespielt und zugesprochen werden, muss das Kind sehr schnell reagieren und den Partner anschauen. Das ist nicht einfach, kann aber durch wiederholtes Durchführen geübt werden und ist dann sehr lustig.

👁 Sprechverse, Abzählverse, Nonsensverse, Schüttelreime aus der Literatur werden mit Tönen begleitet. Von dem Erwachsenen selbst erdachte, das Spiel begleitende Reime regen auch die Kinder zum eigenen Erfinden an.

Komm, wir spielen Stöckchentanz,
hüfen hoch mit Eleganz!
Klopfen laut und pochen zart,
reiben, wischen, weich und hart,
rollen auf dem großen Stück
hin und her, vor und zurück.
Schwups – da sind die Stöckchen weg!
Liegen jetzt in dem Versteck.

Plastisches Malen und Gestalten mit Sägemehl

Zum Einstieg in das Gestalten mit Naturmaterial bewegen sich die Kinder zur Musik um die im Raum verteilten Holzrugel: Sie gehen, laufen, hüpfen, schleichen, schlurfen, tippeln. Am Ende der Musik werden alle Rugel zur Seite getragen und wir legen den Raum mit Plastikfolie aus. Dies kann, wie schon beschrieben, zunächst mit einer Erkundung der Folie verbunden werden (*Folie ist nicht nur zum Abdecken da,* Seite 26) und entweder mit oder auch ohne Musik geschehen. Die Holzrugel dienen als Befestigung der Folie am Rand. Dem eigentlichen Gestalten mit dem Naturmaterial geht wiederum eine Phase der intensiven Wahrnehmung und Materialerforschung voraus. Die Sinneswahrnehmung, so sagt Leonardo da Vinci, ist der „Sachverwalter" unserer Seele. Alles Wissen gründet sich auf das Be-greifen, auf das Er-fahren und Er-leben. Be-griffenes, Ent-decktes wird definiert und Worte, Begriffe bilden die Basis unserer Kenntnisse. Die Sinne sind die Schlüssel zu unserer Umwelt. Werden sie lustvoll gereizt, öffnen sie dem Menschen die Türen zu seiner Umgebung, seiner Umwelt und er macht sich neugierig auf zu immer differenzierteren Erkundungen.

Grobes Holz – feines Holz – Holzmehl

Holzrugel, durchgesägte Baumstämme, weisen Spuren der Säge auf: ein ausgefranster Rand, aufgeraute Schnittstellen, Reste von Sägemehl. Sind die Schnittstellen noch frisch und feucht, riechen sie intensiv nach Holz. In der

Gruppe werden diese Spuren genau erkundet und beschrieben. Mit einer Lupe vergrößert erforschen wir die unterschiedlichen Formen der kleinsten Teilchen von Sägespänen und Sägemehl.

Wühlen und Fühlen

- 👁 Ein großer Behälter mit Sägemehl steht in der Mitte auf der Folie. Natürlich reizt das Holzmehl sofort zum Wühlen. In dieser zerkleinerten Konsistenz fühlt sich Holz sehr angenehm, weich, warm, ja beinahe kuschelig an. Mit den Händen und Armen bis zum Ellbogen eintauchen, kreisen und kneten, Mehl durch die Finger rieseln lassen – dies alles entdecken die Kinder mit wachsender Begeisterung! Zerreiben wir etwas Sägemehl zwischen den Fingern, wird doch die Härte des ursprünglichen Materials deutlich. An den feinen Härchen der Arme bleibt feiner Sägemehlstaub hängen.
- 👁 Nach dem Zusammendrücken einer Hand voll Holzmehl fällt beim Öffnen alles wieder auseinander. Streichen wir aber etwas Kleister auf die Handinnenfläche, bleibt eine Schicht Sägemehl kleben. Durch Vermischen und Verreiben mit mehr Material können wir einen kleinen Kloß Sägemehlbrei formen. Eine Modelliermasse ist entstanden. Das ist eine wichtige Erfahrung für das Modellieren, das auf das Malen mit Holzmehl folgen kann.

Malen und Schmieren

- 👁 Jeder erhält einen großen Bogen kräftiges, glattes Papier und darauf einen Klecks Kleister in Zimmertemperatur. Durch die Musik geführt, verteilen die Hände den Kleister auf dem Papier. Auf diesen Kleister wird nun Sägemehl in einer dünnen Schicht gestreut. Die Masse sollte immer gut streichfähig sein, d. h. nach Bedarf muss man Holzmehl oder Kleister zufügen.

Während des Malens zu Musik vermischt sich das Sägemehl mit dem Kleister zu einer Masse, die sichtbar Strukturen auf dem Papier hinterlässt. Rhythmus und Dynamik der Musik bestimmen durch die Bewegungen der Hände das Erscheinungsbild. Die Musik wird in ihren Elementen und ihrer Intensität sichtbar. Diese Erfahrung weckt Lust zu neuem Ausprobieren. Verdünnt, verdichtet, verschoben, verdeckt verändern Hände und Finger die Strukturen des Bildes. Angeregt und organisiert durch die Musik, wächst das Kleisterbild wie eine dreidimensionale Landkarte mit Tälern, Bergen, Flächen, Erhöhungen. Die Lust auf ständige Veränderung und das Erleben immer neuer, reizvoller Effekte ermutigen zum weiteren Experimentieren.

- Durch das Aufstreuen von Farbpulver an wenigen Stellen kann sich die Beschäftigung mit diesem äußerst preiswerten Material bei weiteren Wiederholungen zu einem reizvollen Abenteuer im Malen und Gestalten entwickeln. Verwendet werden Farbpigmente oder auch das Pulver von wasserlöslichen Holzbeizen in geringer Dosierung. Werden die Farben nicht zu intensiv miteinander vermischt, können die Resultate beim Malen die Lebendigkeit der Musik unterstreichen. Aus dem Zufall wird eine Absicht, aus der Glücksache eine Erkenntnis.

Das Gestalten von Handpuppenköpfen aus Holzmodelliermasse

Nach einer gewissen Zeit lässt sich das Malen zu Musik mit Sägemehl-Kleister-Masse zu einem dreidimensionalen Gestalten weiterentwickeln.

Taktile Vorbereitungen: Tasten des Gesichtsvolumens

- Jedes Kind hat einen Spiegel vor sich stehen, in dem es sein Gesicht betrachtet und beschreibt. Mit einem oder mehreren Fingern zeichnet es die Linien der Augenbrauen nach, den Nasenrücken und das Kinn, streicht über Stirn, Augen, Wangenknochen, Nasenflügel. Jede Stelle des Gesichtes soll einmal berührt sein.
- „Wo geht's bergauf und wo bergab, wo ist das Gesicht hoch oder tiefer? Wie ist der Weg von der Stirn über die Augenbrauen, die Lider, die Augenhöhlen?" Mit diesem Impuls sind die Kinder aufgefordert, ihr Gesicht mit geschlossenen Augen zu erkunden, zu ertasten, zu befühlen. Den zeitlichen Rahmen und die ruhige Atmosphäre dazu liefert eine leise und langsame Musik. Ihre Entdeckungen verbalisieren die Kinder selbst, dadurch prägen sich die gemachten Erfahrungen ein.

Ein gegenseitiges Ertasten ist erfahrungsgemäß eher problematisch, weil Kitzeln und Kichern oder das Unbehagen, berührt zu werden, oft im Vordergrund stehen. Letztlich hängt das Vorgehen von den Teilnehmer/innen ab und möglicherweise ist dieser Weg in einer sehr vertrauten, kleinen Gruppe durchaus machbar.

Handwerkliche Vorbereitungen:

- Ein relativ fester Brei aus Holzmehl und Kleister wird gemeinsam angerührt. Die Konsistenz ähnelt der Ton- oder Keramikmasse. Ruht die Mischung einige Stunden, weicht das Sägemehl im Kleister besser auf, die Masse wird „weicher", feiner modellierbar.

- 👁 Handpuppenköpfe benötigen ein „Innenleben", welches das Aufstecken des Kopfes auf einen Finger ermöglicht. Aus Karton wird ein Röhrchen von der Dicke und Länge eines Kinderfingers gerollt und geklebt. In der Mitte dieser Rolle wird ein 1/2 cm breiter und 5 bis 8 cm langer Streifen Tonpapier, einseitig mit Klebstoff bestrichen, aufgerollt. Dieser „Rand" verhindert das Abrutschen der Modelliermasse. Auf dem oberen Röhrchenteil wird etwas locker geknülltes Zeitungspapier angeklebt und mit Hilfe eines Zwirnfadens stabilisiert, den wir um die Kugel wickeln. Auf dieser kleinen Papierkugel als Träger formt der Erwachsene oder je nach Alter auch das Kind selbst rundum eine 2 bis 3 cm dicke Schicht der Sägemehlmasse. Sie wird intensiv verstrichen, damit beim weiteren Modellieren nicht immer wieder die gesamte Masse durch das Arbeiten der Hände mitgenommen wird.
- 👁 Zum kurzen Antrocknen und zum Weiterarbeiten wird die Kugel auf einen Rundstab gesteckt, den wir zur Stabilisierung in eine mit Sand gefüllte Flasche stellen.
- 👁 Die Zeit können wir nutzen, um die Erfahrungen beim Betasten des Gesichts wachzurufen. Das Kind legt seine Hände auf sein Gesicht und wandert mit den Fingerspitzen noch einmal die Höhen und Tiefen der Oberfläche ab. Eine meditative Musik gibt den Rahmen dafür, in Ruhe zu erkunden, zu entdecken, wiederzuerkennen.
- 👁 Ebenso wie beim Modellieren mit Ton legt nun das Kind seine Hände um die Kugel und hört mit geschlossenen Augen die bereits bekannte Musik. Das erinnerte Bild schafft beim Fühlen des Materials die Vertrautheit, sich in die Gestaltung zu wagen. Auch während der weiteren Ausarbeitung vermittelt ruhige Musik eine vertraute Atmosphäre und einen zeitlichen und räumlichen Rahmen.

Wie bereits erwähnt bedarf es vielfacher sensorischer Reize aus der Umwelt, um die Gehirnentwicklung zu fördern. Das Zusammenspiel von Sinnesreizen und Bewegung ermöglicht kreativ-geistige Entwicklungsprozesse, die Fähigkeit, Eindrücke zu verknüpfen, bestärkt uns, vertrauensvoll unsere Ausdrucksmöglichkeiten auszuschöpfen. Das Spüren der Modelliermasse in den Händen, das Betrachten mit den Augen, das Wahrnehmen des Geruchs, das sich aus all diesen Erfahrungen ergebende „Bild" ermutigen uns zu weiteren „Expeditionen" in die Gestaltung.

Ausarbeitung des Puppengesichts

- 👁 Das Ausarbeiten des Puppengesichtes erfolgt mit geöffneten Augen. Stirn, Augenbrauen, Nase, Wangenknochen, Mund und Kinn verlangen Volumen. Es muss Material aufgesetzt oder abgegraben werden. Die

Augen sind nicht nur Löcher, sie treten wie ein „Aug-Apfel", eine flache Wölbung hervor. Die Gestaltung baut auf den zuvor gemachten Entdeckungen beim Befühlen des eigenen Gesichts. Das, was dem Kind als wesentlich, entscheidend und wichtig im Gedächtnis haften blieb, wird es eigenständig zum Ausdruck bringen. Der Erwachsene unterstützt die Kinder dadurch, dass er die Erfahrungen der Kinder in Erinnerung ruft und bei Bedarf auch technische Hilfestellung gibt.

👁 Vorsichtig streichen die Finger über Erhöhungen und in die Tiefen, damit das Geformte nicht wieder zerstört wird. Je häufiger gestrichen wird, umso glatter und edler wird die Oberschicht. Musik bewirkt hier Wunder! Die Zeit scheint still zu stehen. Die Finger übernehmen den Rhythmus, den Klang, das Zeitmaß der Melodien und wiederholen mit Hilfe dieses Mediums wie von selbst ihr Tun. Die Kinder streichen und streicheln ihr „Ebenbild" und drücken damit sich selbst und Anerkennung ihrem Werk gegenüber aus. Verhindern sollten wir, dass durch plumpe Kommentare innerhalb der Gruppe zerstört wird, was in Kreativität erschaffen wurde.

Die Seele musiziert, indem sie zeichnet.

Diesen Gedanken von Goethe möchte ich weiterführen zu der Aussage: „Die Seele musiziert, indem sie gestaltet".

Projekt
„Der Goldfisch"

Projektarbeit als Erlebnisumfeld für ganzheitliches Lernen

Die Ausgangssituation

Das Projekt „Der Goldfisch" wurde im Kindergarten „Schneckenhaus" in Holzkirchen (Bayern) von der Erzieherin und Leiterin Renate Frey-Winterer, ihrer Mitarbeiterin Renate Büchl und natürlich den Kindern des Kindergartens durchgeführt.

Folgende Gruppensituation lag dem Projekt zu Grunde: Zwei der fünfundzwanzig Kinder wurden aus den Spielgruppen in den Freispielzeiten weitgehend ausgeschlossen. Dies war der Ausgangspunkt dafür, das Thema „Außenseiter, Anderssein und Ausgegrenzt werden" und das Gefühl „Mich/dich mag keiner" in der Gruppe aufzugreifen und für alle Kinder erlebbar zu machen. Das Ziel war dabei, die Außenseiter als „Schuldige" zu entlasten und gleichzeitig das Verhalten der Gruppe in seiner Wirkung auf diese Kinder in den Mittelpunkt zu stellen. Die Gruppenleitung wählte als Weg eine Bildbetrachtung, die in weitere Aktivitäten mündete, so dass das Thema die Gruppe mehrere Wochen lang beschäftigte.

Projektinhalte

Die Durchführung des Projekts erfolgte in Anlehnung an die Vorschläge von Cordula Pertler in der Publikation „Kinder erleben große Maler" (Don Bosco Verlag 1998), die farbige Dias und didaktisch-methodische Beispiele zur Kunstbetrachtung mit Kindern und entsprechende Verarbeitungsmöglichkeiten beinhaltet. Gewählt wurde das Bild „Der Goldfisch" von Paul Klee, gemalt 1925. Ergänzt wurden die Vorschläge durch die Umsetzung der visuellen, sprachlichen und emotionalen Erfahrungen nach der Bildbetrachtung in ganzkörperliche Bewegung durch verschiedene Methoden der Rhythmik. Im Einzelnen beinhaltete das Projekt folgende Elemente:

> 👁 Bildbetrachtung mit anschließendem Austausch über die Assoziationen und Interpretationen der Kinder;

- Wahrnehmen der Musik *Aquarium* von C. Saint-Saens (*Klassik Hits für Kids*) und anschließendes Malen zu dieser Wasser-Musik mit Kleister-Fingerfarben. Daraus entstanden später Collagen;
- Die Kinder erfinden eine Geschichte um den Fisch und gestalten zu ihrem Text Bilder für ein eigenes Bilderbuch;
- Nachvollziehen der beiden Außenseiterrollen des großen und des kleinen Fischs im Rollenspiel;
- Rhythmische Bewegungseinheit zum Thema Fische, Wasserpflanzen, Blubberbläschen;
- Die Präsentation der Kinderbilder, Fotos aus Rhythmiksequenzen, Texte aus erfundenen Geschichtenteilen – im Kindergarten für alle Kinder und die Eltern als Information über die Entwicklung des Themas präsentiert;
- Vorstellung des selbst verfassten und gemalten Bilderbuches für die Eltern beim Sommerfest durch die Autoren, die Kinder.

Lernen durch Forschen und Erleben

„Was man nicht erlebt, hat man nicht verstanden." (Kiichi Nagaya Roshi) Dieses Zitat hat Cordula Pertler ihrem Buch vorangestellt. Auch die Pisa-Studie hat überdeutlich gezeigt, dass Kinder zur ganzheitlichen Persönlichkeitsentwicklung ein „Erlebnis-Umfeld" brauchen, das ihre persönlichen „Entwicklungszeitfenster" nutzt und lustvolles Lernen und Erfahren ermöglicht. Die Ergebnisse vor allem im sprachlichen, naturwissenschaftlichen und musischen Bereich legen ein Umdenken in den Lerninhalten und -methoden nahe und bestätigen die Erkenntnisse der neuesten Hirnforschung: Kinder lernen durch Erforschen, Entdecken, Erfahren, durch Be-Greifen! Sie müssen neugierig, interessiert, bewegt werden, damit sich in ihrem Denken und Handeln etwas bewegt. In dem Wort bewegen steckt auch schon die Methode, der Weg. Ein gemeinsamer Weg von Kindern und Erwachsenen zum Betrachten, Zuhören, Entdecken, Erforschen, Erkunden, Verbalisieren kleinster und großer Zusammenhänge in der (Um-)Welt und im Miteinander-Umgehen. Elementare Erfahrungen und Erlebnisse bewirken die Mobilisierung des Denkens und die Erweiterung des Wissens.

Bildbetrachtung

Entdeckungen formulieren

Die Kinder sitzen vor einer Leinwand und halten ihre Augen geschlossen. Es erklingt das Stück *Aquarium* von Camille Saint-Saens (auf der CD *Klassik Hits für Kids*, siehe Musikhinweise, Seite 163). Alle lauschen der Musik. Das Dia-Bild „Der Goldfisch" von Paul Klee wird auf die Leinwand projiziert und die Kinder öffnen die Augen. Während der folgenden Bildbetrachtung wird die Musik im Hintergrund leise mehrmals wiederholt. Aus der Musik nehmen die Ohren wellenförmige Melodien wahr, assoziieren die aufsteigenden Luftbläschen der Fische, spüren die Bewegung des Wassers und der Fische. Im Bild steht unbewegt ein Fisch vor Augen, auffallend prächtig durch seine goldene Leuchtkraft und die bestechend klare Form. Sein imposantes Auge scheint den Betrachter ebenfalls zu beobachten. Die Flossen stehen wie feine Stoppelhaare vom schmalen Körper ab. Filigran kehrt die Anordnung der Schuppen in den angedeuteten Wellenbewegungen des Wassers wieder. Vielfältige Pflanzen nehmen die Bewegung auf. Die geheimnisvolle Tiefe des Schauplatzes vermitteln einige dunkelblaue Partien im Bild.

Einige Kinder entdecken vier kleinere, leuchtend rote Fische in den Ecken. Im Gesamtbild erscheinen sie wie kandierte Früchte auf einem in der Mitte mit einer großen Mandel verzierten Lebkuchen. Bei intensiverem Betrachten steigt die Zahl der vor dem goldenen Fisch flüchtenden, roten Fische auf sieben.

> *Darum lassen wir den Kindern Zeit für ihre Geschichten.*
> *Zeit – den Kindern Zeit lassen und Zeit für Kinder*
> *ist ein wichtiger Bestandteil der Erziehung:*
> *Die Erziehung streut keinen Samen in die Kinder hinein,*
> *sondern lässt den Samen in ihnen aufgehen.*
> *Khalil Gibran*

Nach und nach aufgetaucht aus ihrer ersten Faszination des Bildes formulieren die Kinder ihre Entdeckungen:
Der Fisch ist gelb, hell, orange, der ist ja ganz aus Gold!
Er schaut ein bisschen ängstlich, beleidigt, nein: fröhlich – oder? nein: traurig!
Er sieht böse aus und gefährlich! Er hat ein rotes Auge! Wie eine Schnecke!
Ein Auge wie ein Schneckenhaus!
Einen Bart hat er auch!
Er steht in der Mitte und bewegt nicht mal den Schwanz.
Der kleinste Fisch schwimmt nicht weg.
Die Haare stehen hoch wie ein Besen oder eine Bürste.
Nur der Schwanz ist rot.
So schöne Wasserpflanzen! Sie haben schwingende Blätter und oben rechts im Eck sind die Luftblasen der Fische.
Das Wasser ist dunkel.

Auf die Frage der Erzieherin, warum der Fisch einen so bösen Eindruck macht, reagieren die Kinder aufgeregt:
Vielleicht kommt gerade ein Hai!

Der Fisch hat Angst!
Ein Fisch will ihm die Eier wegnehmen, deshalb schaut er böse.
Ein Krebs will ihn fangen.
Andere haben ihn geärgert!
Er kann Angst machen.
Die kleineren, roten Fische flüchten.
Sie können sich in den Pflanzen verstecken!
Sie drehen sich alle von ihm weg.
Vielleicht will er sie fressen?
Er ist viel größer als die anderen Fische und gefährlich für die kleinen Fische.
Er sieht aus wie ein goldener König.

Die Erzieherin lenkt jetzt das Augenmerk auf die anderen Fische:
Die kleinen Fische sind viel runder, wie eine Kugel, der große Fisch kriegt sie gar nicht ins Maul!
Sie sind freundlich, sehen aus, als hätten sie eine Brille auf.
Sie sind sich ziemlich ähnlich: rund, rot, lila.
Sie schwimmen weg in verschiedene Richtungen, sie schauen weg.
Wenn die Kleinen wegschwimmen, ist der Große traurig.
Alle Fische, die schnell wegschwimmen, machen viele zackige, kleine Wellen.
Die roten Fische helfen sich, weil sie eine rote Familie sind.

Auf die Frage „Warum schwimmen sie weg?" antworten sie:
Weil er fremd ist.
Sie sind traurig, weil sie nicht so schön sind.
Er ist böse zu ihnen.
Sie haben Angst, dass er ihnen weh tut.
Vielleicht macht er ihnen alles kaputt.
Weil sie ihn nicht so gern haben.
Sie haben Angst vor ihm, weil er so groß ist und sie sind alle so klein.
Vielleicht hat er sie geärgert.
Weil sie böse auf ihn sind.
Weil er so schön golden ist, sind sie wütend oder neidisch auf ihn. Aber er ist so geboren, er kann nichts dafür.

Auf einen weiteren Impuls hin tauchen die Kinder noch intensiver in ihre Betrachtung und Schlussfolgerungen ein. „Was können die kleinen Fische denn besser als der Große?"
Sie sind schneller.
Sie haben schönere Streifen.
Sie haben nicht so dumme Augen.

Sie können sich besser in den Pflanzen verstecken.
Wenn sie Gas geben und sich verstecken, findet der Hai sie nicht.

„Wo könnte der große Fisch herkommen?"
Aus einem Aquarium.
Die Mutter hat ihn gebracht.
Mama und Papa sind tot, er ist alleine.
Aus einem anderen Land.
Von Papa, dem ein böser Mann wehgetan hat.

Identifikation mit den Bildelementen

Spätestens hier wird deutlich, dass die Kinder sich auf einzigartige Weise mit Elementen des Bildes identifizieren, mit dem großen und/oder den kleinen Fischen. Assoziationen und Bilder aus der eigenen Erlebniswelt setzen emotionale Reaktionen frei. Die Möglichkeit, ihre Interpretationen zu verbalisieren, bringt sie mit ihren eigenen Gefühlen in Kontakt. Eigene Erlebnisse, Erfahrungen, Ängste, Freuden werden angesprochen, aktiviert, und berühren die Kinder. Möglicherweise können Gruppenkonflikte durch Ansprechen und Aussprechen verarbeitet werden. Über das Kunstwerk als Medium tauchen die Kinder mit Hilfe der Anleitung durch die Erzieherin noch tiefer in ihre emotionalen Interpretationen ein. Mit dem Kleineren, dem vermeintlich Schwächeren identifizieren sich die meisten Kinder auf Grund ihrer persönlichen Erfahrungen sofort.

„Was macht der kleinste Fisch?"
Er schwimmt tiefer zu ihm runter.
Der Kleine will ein Schwim-Rennen machen.
Er will eine Glitzerschuppe haben.
Er will mit ihm spielen, dass er nicht mehr traurig ist, weil er so alleine ist.
Er will ihm was schenken.
Er will wegschwimmen, wenn der große Fisch wild ist.
Er fragt, ob er sein Freund sein kann.
Er fragt, ob er ihn beschützt.

„Was wird der Goldfisch sagen?"
Au! Blödmann!
Wollen wir Freunde sein? Dann sind wir alle Freunde.

Vom visuellen Eindruck zum sprachlichen Ausdruck

In ihrer nicht immer perfekten Sprache, aber mit eigenen, selbst formulierten Worten drücken die Kinder aus, was sie bewegt und beeindruckt. Sie formulieren ihre Beobachtungen, eigene Erlebnisse, assoziative Gedanken und daraus folgende Fantasien. Ihre Emotionen erhalten ein Ventil, ein Sprachrohr. Das Erlebnis in der vertrauten Gruppe gibt Sicherheit und Mut, sich auf ungewohnte Pfade gemeinsamer Geschehnisse einzulassen.

Die vertraute Bezugsperson lässt in der Kommunikation sowohl zweifelnde als auch ängstliche Fragen der Kinder zu, ohne sie sofort zu reglementieren. Ebenso spüren Kinder die Sicherheit, dass ungewohnte, neue Wortschöpfungen nicht belacht werden, sondern durchaus zum genauen Definieren einer Sache beitragen können. Nur die Chance, in der Fantasie eine Sache auf den Kopf stellen zu können, eine gegebene Situation von ganz anderer Seite zu betrachten, führt zu originellen Denkwegen, die kreativer Intelligenz neue Bahnen öffnet. Sprechen lernen durch Sprechen bedeutet sprechend lernen.

Geduld im gegenseitigen Zuhören und Aussprechen lassen, das Hinzufügen und Ergänzen von Beobachtungen sind unverzichtbare Voraussetzungen von Kommunikation, die Kinder nicht durch Disziplinforderungen sondern durch Übung und das Interesse für eine gemeinsame Sache erlangen. Konversation, Gesprächsbereitschaft und -führung, Diskussionsfähigkeit und sprachliche korrekte Definition sind Voraussetzungen für jede Form von Gemeinschaft. Kommunikation in Partnerschaft, Familie und Gesellschaft ist in unserer globalen Welt mehr denn je notwendig und erfordert entsprechende sprachliche Kompetenzen. Die Fähigkeit zur Kommunikation ist dem Menschen in seiner Anlage mitgegeben und darf im Elementarbereich nicht vernachlässigt werden. Um den Gedanken Khalil Gibrans weiterzuführen: Der Samen kann aufgehen, wenn der Boden bereitet wird.

Mit der Aussicht auf das Spielen und Darstellen der Geschichte um den rätselhaften Fisch und seine kleinen Mitbewohner in einer Rhythmikstunde wird die Bildbetrachtung schließlich beendet. Ein Druck des Bildes wird gerahmt und in der Malecke aufgehängt. Die Kinder verweilen in den nächsten Tagen immer wieder vor dem Bild. Gespräche werden angeknüpft und neue Gedanken diskutiert. Es entstehen auch die ersten Fisch-Gemälde einzelner Kinder.

Begleitende Elternarbeit

Zur Information für die Eltern hängt die Erzieherin nach der Bildbetrachtung einen Text von Rudolf Seitz zu dem gerahmten Druck des Paul Klee-Bildes: *„Vermutlich hat es nie Kinder gegeben, die so sehr in der Lage sind, Bildinhalte und Bildfolgen überaus schnell aufzunehmen und zumindest im Ansatz zu verstehen. Das permanente Medientraining macht es möglich. Vermutlich hat es aber auch nie Kinder gegeben, die so wenig in der Lage sind, bei einem Bild zu bleiben, nachzudenken, zu beobachten, zu hinterfragen, immer wieder zurückzukehren ...*

Man muss nur sich selbst erforschen. Wir wählen mit unseren Sinnen immer mehr nur die Informationen aus, die wir im Augenblick brauchen. Der Raum für „Luxusinformationen" wird immer geringer. Dabei sind gerade sie das Fundament unserer Fantasie, unserer Kreativität, der Boden für Poesie und Träume, für Imaginationen und auch für Ideen …"

Die Beobachtungen und Aussagen der Kinder, wie sie oben wiedergegeben wurden, sind durchaus positive Anzeichen einer intensiven Betrachtung und Auseinandersetzung mit dem Bild von Paul Klee.

Malen zu Wasser-Musik

Das ganze Leben bedarf des Rhythmus.

Plato

Bereits während der Schwangerschaft erfährt der Mensch nicht nur den „Klangraum Mutterleib", sondern auch den eigenen Herzrhythmus und den der Mutter. Rhythmen der Ruhe und Anspannung, der Lust und Unlust prägen diese Erfahrung. Rhythmus und Klang werden von Beginn des Lebens zu ersten musikalischen Grunderfahrungen im Gehirn und in der Seele. Ebenso memorieren sie die Orientierung des Menschen für seinen individuellen Lebensrhythmus. Auf diesen unbewussten Erfahrungsschatz baut der nächste Projektbaustein, das Malen zu Musik. Das Angebot berücksichtigt die intensive Identifikation vor allem der Vorschulkinder mit der Geschichte des Goldfisches und den vielen kleinen, roten Fischen. Das inzwischen vertraute Musikstück *Aquarium* basiert auf einem für Kinder geeigneten Tempo im Metrum, welches mit der Größe ihrer Bewegungen korrespondiert. Lebendige, musikalische Impulse und bildhafte Vorstellungen setzen Impulse für die Malbewegung und steuern sie zu differenzierter Gestaltung.

Musik fließt in den Kleister und aufs Papier

Auf ein großes, leeres, weißes Blatt lässt die Erzieherin mit einem deutlich vernehmbaren „blobb" Kleister fallen. „Die jetzt folgende Musik kennt ihr und könnt sie über eure Ohren, die Hände und Finger in den Kleister und auf das Papier fließen lassen." Sind die Kinder mit der Methode Malen zu Musik vertraut, bedarf es keiner weiteren Informationen oder Impulse.
Beim Einsetzen der Musik haben die Kinder die Augen geschlossen und beginnen, den Kleister mit Fingern und Händen zu verstreichen. Nach und nach lassen sie sich in das Tempo der Musik ein: Sie erkennen sie, in der Bewegung

sichtbar, in ihren Details wieder. Es gilt, sich in die vertraute Szenerie des Aquariums zu versetzen und einzulassen.

Bereits im farblosen Kleister sind Spuren der wasserbewegten Musik erkennbar. Das Verteilen des Kleisters ist ein Nebeneffekt, während die wellenartig wiederkehrenden Impulse des Rhythmus und die gleitenden Melodien der Musik die Bewegung der Hände steuern. Kugelige oder geringelte Wasserbläschen setzen sich deutlich von frei schwingendem Seegras ab. Anfangs ist bei keinem einzigen Kind ein Fisch zu sehen, da bislang noch Farbe fehlt und die Wellen in Musik und Bewegung offenkundig Vorrang haben.

Farbe kommt ins Spiel

Blaue Fingerfarbe färbt den Kleister dichter oder lichter. In großzügigen Wellenbewegungen genießen die Kinder, teils immer noch mit geschlossenen Augen, den jetzt deutlich sichtbaren Zusammenklang von Musik und Bewegung. Fast alle Kinder achten augenfällig auf die differenzierten Impulse der Klangabschnitte in der Musik.

Die Kleisterfarben animieren die Malenden dazu, ihr Bild ständig zu verändern, zu übermalen, neue Effekte zu erproben, begonnene Formen als Leitlinien zum experimentellen Erkunden mit der Farbe zu nützen. Es gibt bewusst keine konkrete Aufgabenstellung, etwa ein Aquarium mit Pflanzen und Fischen zu malen, lediglich die Musik setzt Impulse für die Gestaltung. Die Bewegungen im Tempo der Musik lassen Strukturen hervortreten, je nach Dynamik und Charakter stehen Schmieren, Kratzen, Schieben oder Ziehen der Farbe im Vordergrund. Im Zufall entsteht Absicht. Tun und Erleben ist das Ziel, nicht ein fertiges Bild.

Die blauen „Wasserbilder" werden betrachtet. Die Kinder beschreiben, sofern sie sich äußern wollen, Details. Nach dem Trocknen entstehen darauf Collagen mit bunten Fischen, Wasserpflanzen, Schnecken, gemalt und ausgeschnitten. Vor dem Aufkleben können die Pflanzen und Fische sich in der Wasserwelt noch bewegen. Ein kleines Rollenspiel entsteht. Zum Fixieren passen sie die Kinder nach ihren Vorstellungen in ihr „Wasserbild" ein. Eigenständig, kreativ und experimentell entstandene, individuelle Aquarien wandern in die Kinderzimmer nach Hause.

Bildergeschichte erfinden und gestalten

In der Kindergruppe entstand die Idee, zusammen ein Bilderbuch um den Goldfisch gestalten. Dazu brauchen sie die wahre Geschichte von ihm. In der Gruppe ist deutlich zu spüren, dass schon viele kleine und größere Vorstellungen in den

Köpfen der Kinder schwirren, die sich mit neuen Erlebnissen und Emotionen täglich verändern. Sie haben festgestellt, dass der Goldfisch viel zu groß ist für ein Aquarium und eigentlich in einem Teich schwimmen muss. Ein Weg muss gefunden werden, die Fantasien zu ordnen. Verbale und nonverbale Äußerungen sind gleichgewichtig zu werten. Das ist schwierig. Möglichst viele Gedanken sollen zu einer gemeinsamen Lösung gebündelt werden.

Gedanken der Kinder bündeln und strukturieren

Impulsfragen der Erzieherin

„Was ist geschehen bevor das Bild gemalt worden ist? Was ist passiert, dass das Bild so ist, wie es ist? Wie ist der Goldfisch zu den roten Fischen in den Teich gekommen?" Mit diesem Impuls leitet die Erzieherin die durcheinander erzählenden Kinder zu einem möglichen Anfang.
„Also da hat ein fremder Mann das Aquarium einfach in den Teich geschüttet – schwupps!" „Ja! Weil der Goldfisch darin keinen Platz mehr hatte." „Und dabei ist er den roten Fischen auf den Kopf gefallen!"

> *Alle Kinder sind kreativ, bis man sie eines anderen belehrt.*
> *Kinder haben etwas gegen Dummheit und Heuchelei.*
> *Aus der Sicht der Kinder ist alles anders.*
>
> *Hans-Joachim Gelberg*

Äußerst konzentriert hören die Kinder einander zu, ergänzen ihre Gedanken, versuchen sich in möglichst exakten Definitionen. Viele ihrer Sprachschöpfungen sind treffender als unsere Alltagssprache. Die Kinder beschreiben, umschreiben ihre Vorstellungen, wenn sie die Begriffe nicht exakt kennen. Sie lassen sich gegenseitig auf Fantasiereisen und Gedankengänge ein. Meist überaus geduldig warten sie die Formulierung des anderen ab, begeistern sich für Ideen ihrer Freunde, entwickeln sie weiter. Sie erwarten Antworten und Reaktionen, nicht aber Verbesserungen, Vorgaben oder Korrekturen. Besteht eine offene und positive Kommunikation zwischen Kindern und Pädagogen, dann fragen sie nach, wenn sie etwas nicht verstanden haben oder etwas genauer wissen wollen. Die weit verbreitete Haltung Erwachsener „Sei still, das verstehst du noch nicht!" hat keinerlei Berechtigung.

In dieser Geschichtenrunde ist Sprache zur Kernsache geworden. Auf einem großen Papier gliedert die Erzieherin die Geschichte in Abschnitte und kleine Kapitel. So wird visuell sichtbar, was gedanklich sortiert wird. Die Anzahl der Abschnitte entspricht der Zahl der teilnehmenden Kinder, denen jeweils eine

1

2

3

4

5

6

7

8

9

10

erzählte Situation zugeordnet wird, die sie später malen werden. Die Kinder identifizieren sich mit den Fischen, sie geben ihnen ihre eigenen Namen. Im ersten Abschnitt heißt der kleine Rotfisch Jonas, – wie das Kind, das später sein Bild zu diesem Abschnitt malen wird. Die Fische äußern sich in wörtlicher Rede. Die Erzieherin notiert die Aussagen und formuliert zusammen mit den Kindern die verbindenden Satzteile. Auf diese geduldige Weise entstehen an mehreren Tagen zehn Text-Abschnitte für neun Kinder, die neun Bilder dazu malten. In der Mitte der Reihe sollte das „Original" von Paul Klee (in der Bilderfolge auf Seite 124/125 nachgemalt von der Erzieherin) platziert werden. Während des ganzen Entstehungsprozesses ist die Gruppe immer wieder „ganz heiß darauf", die eigenen Texte zu hören.

Der Goldfisch

(1) *„Autsch", jammerte Jonas, der kleine Rotfisch. Wie ein Blitz flitzte er zu seinen Freunden, die im Schilf nach Wasserflöhen suchten. Vor Schreck zitterte er so mit den Flossen, dass das Wasser kleine Wellen schlug und Blubberbläschen zwischen den Schilfstängeln emporstiegen.*

(2) *„Stellt euch vor", erzählte er immer noch ganz aufgeregt, „ein riesiges Ungeheuer ist mir auf den Kopf gefallen und hätte mich beinahe erschlagen! Ich konnte gerade noch darunter wegtauchen und entwischen."*

(3) *Felix und Sophia suchten sofort ein geeignetes Versteck zwischen den Stängeln der Wasserpflanzen. Die anderen fingen an, lauthals zu lachen: „Schaut unsere beiden Angsthasen an!"*

(4) *„Na, dann lass' uns dein Ungeheuer mal angucken", sagte die kühne Constanze, die glaubte, dass Jonas maßlos übertrieben hatte. „Wer hat Mut und kommt mit?"*

(5) *Es war ihnen zwar nicht ganz wohl dabei, aber alle waren furchtbar neugierig und so schlossen sie sich Constanze an. Auch Felix und Sophia kamen zögernd aus ihrem Versteck hervor. Zusammen mit den Freunden fühlten auch sie sich stark genug, um sich dem Ungeheuer zu nähern. Ganz dicht beieinander folgten sie Constanze, die mit forscher Flosse voranschwamm.*

(6) *Plötzlich blitzte es golden zwischen den Wasserpflanzen. Ein großer, blinkender Fisch tauchte vor ihnen auf und schaute sie mit dunklen Schneckenaugen an. Erschreckt fuhren sie zurück. Langsam kam der Fisch auf sie zu.*

(7) *„Jetzt ist es um uns geschehen", dachten sie und flohen in alle Richtungen. Da der goldene Fisch sie aber nicht verfolgte, sondern ganz ruhig hin und her*

schwamm, nahm Florian, der kleinste von ihnen, seinen ganzen Mut zusammen und rief aus sicherem Abstand: „He, großer Fisch, wer bist du und was machst du hier?"

(8) „Ich bin ein dicker Goldfisch und habe bis jetzt alleine in einem Aquarium gelebt. Heute wurde plötzlich mein Aquarium gepackt, hierher getragen und in euren Teich geleert. Dabei bin ich wohl einem von euch auf den Kopf gefallen. Das tut mir sehr leid. Ich wollte euch nicht erschrecken, ihr braucht keine Angst vor mir zu haben."

(9) Als sie merkten, dass der Fisch ganz freundlich war, verloren sie ihre Angst und alle Fragen, die sie an ihn hatten, sprudelten aus ihnen heraus: „Wie heißt du denn? Willst du mit uns spielen? Willst du ein Schwimm-Rennen mit uns machen? Kannst du uns von deiner goldenen Farbe etwas abgeben?"

(10) Sie unterhielten sich noch lange. Abends, als sie vom vielen Reden müde waren, schliefen alle kleinen Fische zufrieden neben ihrem neuen, großen Freund ein. Auch der Goldfisch schlief glücklich ein und träumte von all den schönen Sachen, die er mit seinen neuen Freunden noch vorhatte.

Die Bilderbuchgeschichte offenbart viel von dem, was die Kinder in ihrer Fantasie und Erinnerung bewegt. Die Geschichte bringt zum Ausdruck, mit welcher Freude Kinder fabulierend ihre Träume, ihre Ängste, ihre Hoffnungen dokumentieren. Bauen wir ihnen die Brücken, sich frei und ohne Scheu zu äußern! Nicht selten erschrecken uns die Einblicke in ihre Seele und weisen uns an unsere pädagogischen Handlungsgrenzen. Diese sollten wir akzeptieren, weit reichende psychologische Deutungen vermeiden und das Vertrauen der Kinder nicht missbrauchen. Unsere Chance und Aufgabe ist es, möglichst viele solcher Gesprächs- und Erzählsituationen zu schaffen und einander intensiv zuhören.

Malen der Bilder zum eigenen Buch

Diese Geschichte ist ein Stück persönlicher Sprache der Kinder, in der sie leben, denken und fühlen. Ihre zwischenmenschlichen Beziehungen projizieren sie auf die Situation der Fische. Empfindungen, Verunsicherungen, Ängste, Lösungen, Visionen und Vorstellungen werden im Malen zum Ausdruck gebracht. Darstellen bedeutet hier auch Feststellen, Klarstellen von Eindrücken. Sie werden dokumentiert, festgehalten und dem Betrachter vermittelt.

◉ Die Kinder, welche ihre Szene beschrieben und Lösungen verbalisiert haben, malen, wie bereits oben erwähnt, ausschließlich diese Sequenz. Auf großen Papierbogen (DIN A2) arbeiten sie mit dicken Pinseln in großzügigen Bewegungen. Zur Gestaltung von Details wählen sie feinere Pinsel. Große Farbtiegel mit wasserlöslichen Grundfarben erlauben eigene Farbmischungen. Die Kinder wissen um Techniken und Regeln am Maltisch: Mischfarben, Aquarellieren, Grundfarben trocken lassen und übermalen, überschüssiges Wasser abtupfen – all dies kennen sie vom nahezu täglichen Arbeiten in der Malecke. Die Erzieherin weiß um das Bedürfnis, mit dem Material ein wenig verschwenderisch sein zu dürfen, es muss die Möglichkeit offen stehen, eventuell erneut zu beginnen, zu experimentieren, wiederholen und differenzieren zu können.

Methodische Hinweise

Kleine Arbeitsgruppen von maximal vier Kindern gewähren die notwendige kreative Ruhe. Sie wird durch die leise im Hintergrund spielende, bekannte Musik *Aquarium* von Camille Saint-Saens unterstützt. Fast wie im Traum fließen Unterbewusstsein und Bewusstsein beim Malen ineinander, tauschen sich aus, ergänzen sich. Spannungen fließen über den Pinsel auf das Papier wie auch Freude über Entdeckungen und Lösungen für Konfliktsituationen, gerade so wie im Aquarium der Fische.

Die Anwesenheit der Erzieherin erlaubt verbale Erinnerungen, Erklärungen, Impulse. Wörtliche Äußerungen aus der Geschichte, wie „He, großer Fisch, wer bist du und was machst du hier?" zeigen, dass die Kinder ganz und gar vertieft sind in ihre Aquarium-Welt. Freude und Lust am Gestalten beherrschen das Malen. Intensive Wahrnehmung in allen Bereichen hat die innere Vorstellung der Kinder differenziert und detailliert. Korrekturen des Erwachsenen könnten die kreative, schöpferische Ausdruckskraft der Kinder leicht zerstören.

Nach dem Trocknen werden die Bilder gerahmt und in der Reihenfolge der Geschichte in der Malecke aufgehängt. Die Texte zu den Bildern schreibt die Erzieherin auf dem Computer, druckt sie vergrößert aus und ordnet sie als Untertitel den Bildern zu: Eine wertvolle Dokumentation, wie in einem Museum, jederzeit zu besichtigen für alle Kinder und alle erwachsenen Besucher der Malecke!

Rhythmik „Aquarium"

Musik, Bewegung, Sprache – die aus der Rhythmik bekannten, zentralen Elemente sind in dem Themenkomplex „Der Fisch" ebenfalls enthalten und können gezielt für eine ganzheitliche Förderung der Kinder genutzt werden.

Rhythmik als pädagogisches Arbeitsprinzip kann die durch die Bildbetrachtung angeregten Erlebnisse und Erfahrungen vertiefen und wurde daher auch in diesem Projekt in mehreren Sequenzen eingesetzt, die hier nur kurz zusammengefasst werden.

Es beginnt wie immer mit Bewegung zur Musik ...

Feste Strukturen in den Rhythmik-Sequenzen helfen, Sicherheit, innere Ordnung und Ruhe für sich selbst und in der Gruppe zu erlangen, um sich intensiver Wahrnehmung und kreativem Handeln zu öffnen.
Jede Rhythmikstunde beginnt mit Bewegung zu Musik. Die Füße der Kinder laufen so schnell, wie das Xylophon, die Trommel, die Flöte, die Hölzchen, die Rassel oder ein anderes Instrument spielt. Damit wird das Bewegungsbedürfnis befriedigt, werden Spannungen abgebaut und der „Boden" zur Aufnahme von neuen Eindrücken und zum Verarbeiten des Erlebten bereitet.

Aus der CD gluckert Wasser! – In der CD schwimmen Fische?
Nach der intensiven Bewegungsphase haben die Kinder ein starkes Bedürfnis nach Ruhe. Die Musik *Aquarium* von Camille Saint-Saens hören sie liegend oder sitzend, mit offenen oder geschlossenen Augen. Jedes Kind entscheidet selbst, wie es zuhören will.

Impuls: „Warum hat der Komponist die Musik „Aquarium" genannt?" Die Antworten der Kinder erinnern an die Bildbetrachtung:
Das war eine Wassermusik.
Eine Fischmusik hab' ich gehört!
Dieses Kind begleitet seine Aussage sofort mit gleitenden Fischbewegungen der Hände.
Alle Kinder nehmen die Teilbewegung auf eigene Weise auf und begleiten die Musik.

„Habt ihr noch etwas anderes außer dieser Wasser-Fisch-Musik gehört?"
Blubberbläschen der Fische, so ... , wenn sie die Luft ablassen und Blasen aufsteigen ...
Damit zeigt das Kind mit den Fingern in schnellen Bewegungen vom Mund aufwärts Bläschen an und begleitet seine Bewegung mit Silben:
Blubb – blubb – blubb ... Und Wasserpflanzen, die sich bewegen. Durch die Wellen gehen die Pflanzen immer so hin und her.

Wasserpflanzen-Choreographie

Die Kinder stehen auf und probieren unterschiedliche Bewegungsarten am Platz. Ihre Vorstellungen von der Bewegung der Wasserpflanzen und Blubberbläschen sind durch die Bildbetrachtung sehr konkret und vielfältig. Die Füße fest am Boden bewegen sie weich und geschmeidig ihre Oberkörper, meist auch die Arme und Hände dazu. Bei einigen „Wasserpflanzen" fließt die Bewegung bis in die Extremitäten, über den Kopf hinaus, in den Raum. Das zeigt auch der Blick der Kinder, der ihren Bewegungen folgt. Blubberbläschen steigen, von der Stimme begleitet, mit schnellen Bewegungen der Finger vom Boden bis zur erreichbaren Raumhöhe der Hände. „Fische" schwimmen in gleitenden, leisen Bewegungen zwischen den Pflanzen hindurch.
Eine vorbereitete Choreographie oder Anleitung durch die Erzieherin ist nicht notwendig. Allein die Musik mit ihren Impulsen, die Erinnerungen und die vorgestellten Bilder organisieren einen „reibungslosen" Ablauf. Jedes Kind kann sich in seinem fantasievollen, selbst bestimmten Maß des Könnens und Wollens einbringen und macht seine Sache „gut"!

Eine Orientierung für das Bewegungstempo erhalten die Kinder durch intensives Hören auf die Musik. Auch im Hinblick auf die Bewegungsdynamik werden kräftige und ruhigere Phasen über das differenzierte Wahrnehmen der Musik aufgenommen und umgesetzt. Auch die Gliederung des Musikstückes in unterschiedliche Aktionsfelder werden von den Kindern schnell erfasst: Blubberbläschen tauchen nur manchmal auf und verschwinden wieder. Fische schwimmen nicht andauernd, sie stehen auch im Wasser. Wasserpflanzen bewegen sich in unterschiedlicher Stärke. Alle Impulse und Anhaltspunkte erhält die Gruppe aus der Musik. Sie wird in den vielen Wiederholungen immer vertrauter, die Kinder wissen schon, wann „ihre Stelle" kommt, in der sie agieren können.

In mehreren Rhythmiksequenzen verwandeln sich die Kinder beispielsweise in ein von Wellen bewegtes Seegras, in Wasserpflanzen, in Fische, Seeschnecken und Blubberbläschen. Das „Aquarium" füllt sich mit immer neuen Tieren und Pflanzen. Farbige Seidentücher in beiden Händen ergänzen die Bewegungen der Kinder zur Musik: Wasser und Wellen werden durch blaue Tücher, Wasserpflanzen durch grüne, die Fische durch goldgelbe Seidenstoffe ausgedrückt! Während einer der letzten Rhythmikstunden haben die Kinder die Idee, die Bläschen mit Seifenblasen „echt" aussehen zu lassen. Wieder und wieder hören sie die *Aquarium*-Musik und jedes Kind darf einmal in dem entsprechenden Klangabschnitt seine Seifenbläschen hochsteigen lassen. Ein riesiges Vergnügen für alle!

Rollenspiel „Aquarium"

Bei der Bildbetrachtung entwickeln die Kinder eine Beziehung zu dem gemalten Goldfisch und den kleinen, roten Fischen. Sie halten indirekt Zwiesprache mit der Hauptfigur, die in ihrer Fantasie eine bestimmte Rolle lebt. Auf diese wollen sie sich einlassen, an ihr teilhaben. Allerdings fürchten sie sich auch vor ihm. Die geäußerten Gefühle sind ambivalent: Einerseits wirkt der Fisch mächtig, glitzernd wie ein König, böse und streng. Andrerseits steht er so einsam, unbeweglich in der Mitte des Bildes und die kleinen Fische flüchten vor ihm. Die davonschwimmenden Fische bilden eine Gruppe. Sie gehören zusammen und sind nicht allein. Das hilft ihnen in ihrer Angst. Einer von ihnen ist besonders mutig. Er beschließt: Ich schwimme hin und rede mit dem Großen.

Die Situation des Goldfisches

 Vor dem Rollenspiel fasst die Erzieherin die Feststellungen der Kinder während der Bildbetrachtung noch einmal zusammen, bringt sie in Erinnerung und motiviert die Kinder, die Situation des Goldfisches nachzuspielen.

Ein einzelnes Kind steht als Goldfisch regungslos in der Mitte. Mit deutlich großem Abstand schwimmen die kleinen Fische zur Musik um ihn herum. Sie kümmern sich nicht um ihn, ignorieren ihn oder gehen ihm bewusst aus dem Weg. Er bleibt so lange allein, bis ein Fisch, der vorher bestimmt wurde, sich entschließt, auf ihn zuzuschwimmen und ihn freundlich „anzusprechen".

Sich in die Außenseiterrolle einfühlen

Erstaunlicherweise wollen alle Kinder einmal in die Rolle des „Einsamen" schlüpfen, obwohl sie sehr schnell spüren, das diese Isolation wenig erstrebenswert ist. Die Ignoranz der anderen wird räumlich und körperlich in dieser großen Distanz sichtbar und spürbar. So ganz alleine dazustehen. Keiner guckt! Und wohin mit den Händen? Es gibt keine Funktion zu übernehmen. Das ist wirklich beunruhigend. Auch die Rolle des Mutigen ist eine Außenseiterrolle. Weg von der Gruppe muss er ganz allein den Zeitpunkt bestimmen, wann er die Furcht überwindet und den Entschluss fasst, auf den „Fremden" zuzugehen. Die Äußerungen in Mimik und Körperhaltung und die verbalen Reflexionen der Kinder lassen ahnen, wie groß die emotionale Beteiligung bei diesem Rollenspiel ist. Sie schlüpfen so weit in die Rolle, wie sie diese aus ihrem Erlebnisbereich kennen. Erfahrungen sind immer mit Gefühlen verbunden. Kinder erspüren sehr genau, wo Beziehungen gelebt werden und wo sie fehlen oder blockiert sind.

Bezug zur Situation in der Gruppe

Die Problemsituation der beiden ausgeschlossenen Kinder der Kindergartengruppe spiegelt sich in dem Rollenspiel deutlich wider. Doch hat die Erzieherin
dies in keiner Weise thematisiert, vielmehr vertraut sie auf die erlebte Erfahrung und positive Umsetzung zum gegebenen Zeitpunkt. Die Entwicklung gab
diesem Vorgehen recht: Ein Junge äußerte einige Monate später in einer entsprechenden Konfliktsituation: „ Du musst ja nicht mit ihm spielen, aber lass'
ihn doch in Ruhe und ärgere ihn nicht!" – Ein „mutiger, kleiner, roter Fisch", der
einen Anfang gewagt hat.

Präsentation des Projekts

Während mehrerer Wochen konnten Eltern und Kinder gleichermaßen in doku-
mentierten Abschnitten das Projekt „Der Goldfisch" verfolgen und an der Entwicklung teilhaben. Beim Sommerabschlussfest sollten die „Ergebnisse" noch
einmal für alle präsentiert werden:

- Die Besucher waren eingeladen, die Bildergalerie in der Malecke zu
  besuchen und die Werke der Kinder zu bewundern.
- Jedes beteiligte Kind erhielt ein selbst hergestelltes Bilderbuch. Dafür
  wurden im Vorfeld alle Zeichnungen abfotografiert und auf jeweils
  eine Seite geklebt worden, auf der gegenüberliegenden Seite fand sich
  der passend zur Szene ausgedruckte Text. Geheftet wurde das Bilderbuch mit einem starken Zwirn, alle zehn Blätter sind vorne und hinten
  durch festen Karton geschützt. Auf ihm stehen auch die Namen der
  „Autoren" und das Jahr der Herstellung.
- Fotos aus den Rhythmikstunden waren im Bewegungsraum zu bewundern. Kurze Texte informieren die Betrachter über Inhalte, Methoden
  und Ziele der Rhythmiksequenzen.
- Die Kinder präsentierten den Zuschauern ihre Choreografie der Wasserpflanzen aus der Rhythmiksequenz *Aquarium*. Natürlich war es, wie
  immer, eine neue Version, da es keine festgelegte Choreografie gibt! So
  konnten Eltern und Geschwister die Geschichte des Goldfisches auch
  auf der grünen Wiese erleben.

Projekt
„Die wahre Geschichte
von allen Farben"

Vom Bilderbuch zur Rhythmik

Die wahre Geschichte von allen Farben. Für Kinder, die gern malen. Dieses Bilderbuch von Eva Heller, ausgezeichnet mit dem Deutschen Jugendliteraturpreis (Auswahlliste 1994), ist der Ausgangspunkt eines länger andauernden Projekts im Kindergarten. Vom Bilderbuch zur Rhythmik, von der Rhythmik zum experimentellen bildnerischen Gestalten – mit den in der „Rhythmikwerkstatt" vorgestellten Methoden ermöglicht das Projekt eine ganzheitliche Bearbeitung der „wahren Geschichte von allen Farben". Das Bilderbuch informiert über Grundfarben, Farbmischungen und den daraus entstehenden Farbkreis. Die Farben werden in einer spannenden Erzählung entsprechend ihrer psychischen Farbwirkung mit Charaktereigenschaften belegt und für den Betrachter vermenschlicht.

Das Bilderbuch als Erlebnisraum: Eine „bewegende" Erzählung

„Man muss es mit eigenen Augen gesehen haben: Es ist wie Zauberei!" So beginnt Eva Heller ihre Geschichte. Und so entwickelt sich auch unser Projekt aus dem Bilderbuch. Je länger wir uns damit beschäftigen, umso mehr erweitert sich das Spektrum der Möglichkeiten, Inhalt und Darstellung der Geschichte zum Erlebnis werden zu lassen, zu er-leben.
Beim ersten Vorlesen und Betrachten in der Gruppe wird unser Augenmerk bereits auf die Charakterisierung und Aussagekraft der leuchtenden Farben gelenkt. Unwillkürlich fühlt sich jeder Betrachter zu einer Farbe hingezogen oder lehnt sie ab. Klang und Rhythmus der Sprache in Wortwahl, Definition und Interpretation spezifizieren die Charaktere und weisen bereits auf den nächsten Bereich, die Musik hin. Denn die erzählte Geschichte beginnt durch die lebendige Sprache bereits zu tönen und zu klingen. In ihrer Rhythmisierung be-wegt uns das Erzählte. Es bringt uns auf einen Weg des Entdeckens, des Erforschens, des Gestaltens.

Die Wahrnehmung des Bilderbuches ist nicht eine Teilleistung des Betrachters, sondern ganzheitliches, aktives Erleben, Entdecken, Erforschen, Ergründen von Zusammenhängen und ihren Bedeutungen. Die menschliche Wahrnehmung bezieht sich auf den ganzheitlichen Bereich psychosozialer Erlebnis- und Lernprozesse. Das Bilderbuch bietet die Grundlage für vielseitige Erkundungsmöglichkeiten in Raum, Zeit, Kraft und Form und ist die Basis, um Erfahrungen in Beziehung zu setzen, Verkettungen zu erkennen, Verknüpfungen weiterzuspinnen. Wahrnehmung und Bewegung bilden eine Einheit, Denken und Empfinden werden in Gang gesetzt, werden bewegt.

Sprache – Bewegung – Musik

So finden wir bei der ersten Begegnung mit dem Bilderbuch bereits die drei Elemente der Rhythmik: Sprache, Bewegung und Musik. Die Rhythmik ist mit ihren Inhalten und Methoden im Kontext unserer pädagogischen Arbeit integrativ und nicht additiv zu verstehen. Sie ist, wie Sabine Hoffmann-Muischneek treffend beschreibt, „als eine Haltung, als ein Prinzip zu begreifen, das die Grundlagen für verschiedene Techniken darstellt, die in unterschiedlichen Disziplinen zur Anwendung kommen. Rhythmik ist nicht so sehr schematische Übungsform für Körpererfahrung und Milieugestaltung, sondern eigentlich die Matrix jener Schemata, in denen unser Erleben und Bewegen, unser Denken und Sprechen geschieht." (1989: 13)

Die Bilderbuchgeschichte lebt von den Elementen der Rhythmik und somit ist beim Betrachten die ganzheitliche Wahrnehmung angesprochen. Sie ist, wie Muischneek weiter betont, „nicht eine bloße Teilleistung, sondern … sehr aktives Suchen nach dem, was für mich an diesem Ort und in dieser Stunde von Be-deutung ist." (ebd. 13) Farben sind charakterisiert, bewegen sich, äußern sich mit Worten sowie Tönen, Geräuschen und Klängen. Sie werden personifiziert und eröffnen damit einen Weg des psycho-sozialen Lernprozesses zur emotionalen Intelligenzentwicklung.

Das folgende kurze Brainstorming möchte Sie auf diesen Weg einzustimmen:

Farben in Musik – Bewegung – Sprache:

- Farben schaffen Erlebnisse durch ihre Symbolkraft.
- Farbklang – Musik: Wie tönt Blau, wir tönt Rot …?, Welche Instrumente klingen für mich wie Rot, Gelb, Blau, Braun?
- Bewegtes Rot und fließendes Blau – Welche Emotionen lösen sie in mir aus?
- Brüllendes Rot, explodierendes Orange, beruhigendes Blau und Weiß finden ihren Ausdruck in der Stimme.
- Wie entstehen Mischungen von zwei, drei, mehreren Farben und welche Auswirkungen erlebt mein Körper?

- Wie beeinflussen sich diese Mixturen gegenseitig in Bewegung, Rhythmus, Klang und Dynamik?

Formen in Musik – Bewegung – Sprache:
- Grundformen erfahren, erkennen, zuordnen
- Zuordnung von Farbeigenschaften zu Formen in der Geschichte: Rot ist rund und rollt, Gelb ist spitz und stößt, Blau ist ein Viereck und nützt seine Fläche durch Erweitern und Verkleinern, Orange explodiert wie ein Stern und so fort.
- Mund und Körper „formen" die Laute in Klang, Rhythmus und Dynamik, je nach dem Charakter.
- Welche Form entspricht meinem Körpergefühl, meinem Bewegungsbedürfnis?
- Wirkt sich die Form beruhigend oder aufreizend auf meine Sprache aus?

Farbwirkung und Symbolkraft der Farben
Die Wirkung von Farben wird uns am deutlichsten an einem grauen Novembertag. Das „Einheitsgrau" von Himmel, Horizont und Umgebung erzeugt eine depressive Stimmung. Licht fehlt! Das Vorhandensein von Farben, leuchtende Sonne, blauer Himmel und bunte Blumen stimmen uns dagegen positiv. Den einzelnen Farben werden unterschiedliche Bedeutungen und Wirkungen auf den Menschen zugeschrieben. Unsere physische Licht- und Farbwahrnehmung über das Auge geschieht über die Netzhaut. Dort wird sie durch die Sinneszellen in Hell-Dunkelfrequenzen sowie unterschiedlichen Farbefrequenzen absorbiert und über entsprechende Signale in das Sehzentrum des Großhirns weitergegeben. Die tatsächliche Farbe entsteht also in der „geistigen Wahrnehmung" des Gehirns. Daneben gibt es eine, nicht wissenschaftlich nachweisbare, psychische Farbwahrnehmung bzw. -wirkung, die vom Einzelnen subjektiv und in unterschiedlichen Konstellationen auch unterschiedlich empfunden wird. Das hängt unter anderem damit zusammen, dass wir bei starken Farben wie etwa Rot unbewusst auch die Komplementärfarbe Grün sehen, bei Blau das Gelb und so fort. Aber auch das Lichtbedürfnis in verschiedenen Situationen spielt eine wesentliche Rolle dabei, welche Emotionen Farben beim Menschen auslösen.

Hinweis: Detailliertere Informationen zum Thema Farben und Farbwirkung finden Interessierte in der Publikation „Rot, Gelb, Blau und alle Farben. Grundlagen und Spielideen für die pädagogische Praxis" von Marielle und Rudolf Seitz (Don Bosco 2000).

Die vitale, zeitweise expressive Umsetzung der Erzählung in die Praxis des bildnerischen Gestaltens, der Rhythmik und der Musik wird in den folgenden Abschnitten beschrieben.

Erste Annäherung an das Bilderbuch beim gemeinsamen Betrachten

Erstaunlich ist die Ausdauerfähigkeit der zuhörenden Kinder bei der ersten Begegnung mit dem Buch. Trotz des Umfangs der Geschichte halten meinen Erfahrungen nach Durchhaltevermögen und Konzentration über die gesamte Dauer des Betrachtens an. Ist die Erzieherin selbst begeistert von dem Bilderbuch und liest sie es entsprechend mitreißend vor, überträgt sich die Faszination auf die Kinder. Sie erzählt, ja spielt mit lebendiger, dynamischer, gut artikulierter Sprache, ihre Mimik und Körpersprache spiegeln die Spannung der Geschichte wider. Beim Betrachten der Bilder sollte die Erzieherin den Kindern unbedingt ausreichend Zeit lassen.

An den folgenden Tagen erneuert sich das Erlebnis beim wiederholten Erzählen und Betrachten des Buches, so oft die Kinder es wünschen. Aus dem natürlichen Bedürfnis der Kinder, das Erlebnis ganzheitlich zu vertiefen, zu verinnerlichen und auch sichtbar, be-greifbar zu machen, ergibt sich ein „darstellendes Spiel" auf Papier.

Mit Pinsel und Farbe – eine wahre Farbenschlacht!

Da der Text im Buch sehr lange ist, ist es für die Arbeit mit Kindern sinnvoll, die Geschichte beim Erzählen auf die wesentliche Handlung zu kürzen. In jedem Fall ist wichtig, den Kindern beim Betrachten des Bilderbuchs ausreichend Zeit lassen!

Die Kinder sitzen um ein großes (DIN-A1-Format), weißes, festes Papier herum. Farbtiegel mit den Grundfarben Rot, Blau und Gelb sowie dicke Pinsel sind vorbereitet: für Rot ein runder Malerpinsel, für Gelb ein spitz zulaufender Borstenpinsel und für Blau ein breiter, flacher Pinsel. Ausreichend Pinsel für die Mischfarben liegen bereit. Das Weiß, das wie „Schlagsahne eben blubb macht", ist mit Kleister in einer kleinen Schüssel angerührt.

Der Erwachsene kennt die Kurzform der Geschichte auswendig. Die inhaltliche Botschaft der Äußerungen der verschiedenen Farben wird durch Stimmhöhe und Modulation der Stimme verdeutlicht. Pausen während des Erzählens lassen den Zuschauern Zeit und Raum, das Geschehen zu beobachten. Dynamik und Dramatisierung des Verlaufes werden in Spannung und Entspannung der einzelnen Aktionen der verschiedenfarbigen Pinsel deutlich.

Die Bilderbuchgeschichte auf Papier

In mehreren methodischen Schritten werden die Kinder auf dem Weg geführt, eine Farbe zunächst selbst mit dem Pinsel und anschließend in der Bewegung darzustellen sowie sie später zu vertonen:

- 👁 Die Erzieherin erzählt die Kurzfassung der Geschichte und spielt sie mit den farbigen Pinseln auf Papier. Einfacher ist es, eine Kollegin liest die Kurzgeschichte in Abschnitten, die andere Erzieherin agiert mit den Pinseln.
- 👁 Die Erzieherin erzählt wieder die Geschichte, jedoch schlüpft je ein Kind mit Hilfe des Pinsels in die Rolle einer Farbe.
- 👁 Die Kinder experimentieren selbstständig in einer Kleingruppe in der Malecke mit Pinseln und sprechen den Text beliebig und frei dazu, so wie sie sich erinnern. Der perfekte Wortlaut ist nicht notwendig. Der Impuls zum Ablauf der Geschichte und zum experimentellen Farbmischen kommt aus der Erinnerung.

Die wahre Geschichte von allen Farben

Dies ist die wahre Geschichte von allen Farben. Von Rot, Blau, Gelb, Orange, Grün, Violett und Weiß und Schwarz und Braun.

Jede Farbe ist anders. Manche sind miteinander befreundet, andere vertragen sich nicht. Wenn sie sich mischen, geschehen seltsame Dinge – Farben verschwinden, neue Farbe entstehen. Man muss es mit eigenen Augen gesehen haben: Es ist wie Zauberei!

Am Anfang war das Weiß. Denn wenn alles leer, ganz hell und sauber ist, dann ist es weiß.

Da kommt das Rot angerannt, schnell und rund wie ein Rad.

- 👁 Der rote Pinsel wird über das weiße Blatt gerollt und hinterlässt die ersten Spuren.

Es rollt über das Weiß, und brüllt: „Ist da jemand? Das ist ja langweilig hier!"
„Aber ich habe gerade doch alles sauber gemacht", sagte das Weiß erschrocken.
„Meinetwegen", brüllte das Rot und hüpft wie wild auf dem Weiß herum, dass es nur so spritzte.

- 👁 Dabei hüpft der Pinsel auf dem Holzbund oder dem Stiel und verspritzt rote Farbtupfer. In diesem Moment schiebt der Erwachsene einen mit blauer, noch nasser Farbe bedeckten weißen Karton auf das große Papier. Gleichzeitig wird der Text dazu weitererzählt:

Plötzlich kam das Blau, wie aus dem heiteren Himmel. „Ich möchte mich etwas ausruhen", sprach es und legte sich nieder. Das Rot rannte um das Blau herum und protestierte. Aber das Blau wollte sich nicht streiten: „Ich werde nur dort sein, wo du nicht bist", sagte es und versuchte, Platz für das Rot zu machen, das auf ihm herumhüpfte.

◉ Hier versucht das blaue Papier, dem roten Pinsel auszuweichen.

Das Blau war wirklich friedfertig. Aber das Rot war wütend und überlegte, wie es mehr Platz bekommen könnte.
Da schwirrte das Gelb an.

◉ Der gelbe Pinsel saust, begleitet durch ein Zischen der Stimme, durch die Luft Richtung Papier zu einem roten Farbklecks und piekst mit der Spitze hinein.

Es war nicht besonders groß, aber spitz und piekste ins Rot. „Au!", brüllte das Rot. Das Gelb piekste das Rot überall, dabei kicherte es. „Au, au, au!" brüllte das Rot. „Und jetzt – jetzt werde ich mich mit dir mischen", kicherte das Gelb. Es wirbelte im Rot herum, bis es aussah wie eine Orange.

◉ Der gelbe Pinsel mischt sich zuerst in Streifen, dann in Kreisen und zuletzt ganz in das Rot, damit die Farbmischung langsam nachvollziehbar ist.

Als das Rot ganz orange war, explodierte es. Das Orange war noch lauter als das Rot und kreischend sang es:

◉ Mit einer einfachen Singsang-Melodie tanzt der nun orangefarbene Pinsel im Rot herum, bis es aussieht wie eine Orange

„Eines, das ist jedem klar, Orange ist super – wunderbar!" (mehrmals singend wiederholen!)
„Willst du nicht ein bisschen vernünftig sein?", fragte das Blau.

◉ Dabei bewegt sich das blaue Papier etwas hin und her. Der orangefarbene Pinsel tanzt kreischend und singend weiter.

Aber das Orange dachte gar nicht daran. „Juhuuuuuu" kreischte es weiter.

◉ Jetzt ist ein frischer, gelber Pinsel mit fester Spitze notwendig, der Tupfen ins Blau setzt.

Da kam neidisch das Gelb und piekste heimtückisch in das Blau. Als Blau und Gelb sich mischten wurde daraus Grün. Unglaublich, aber wahr.

◉ Gelb und Blau mischen sich an einer Stelle so lange, bis der Pinsel grün ist.

Das Rot lachte schadenfroh: „Jetzt muss sich Blau und Grün den Platz teilen!"
„Grün gehört zu mir", sagte das Blau. Neidisch raste das Rot so schnell ins Blau
hinein, dass dies nicht mehr ausweichen konnte. Es sagte noch: „Nicht so hitzig,
das kann leicht ein blaues Auge geben", da war es schon geschehen.

👁 Das Rot mischt sich aggressiv mit dem Blau parallel zum erzählten
Text. Dabei wird nur eine Seite des Pinsels mit Blau vermischt, die andere sollte rein Rot bleiben.

„Was ist denn jetzt los?!" brüllte das Rot erschrocken. „Ich dachte, du weißt
das", sagte das Blau, „wenn Blau und Rot sich mischen, gibt es Violett. Und
auch das ist eine Farbe von mir".
„Das könnte dir so passen", brüllte das Rot. Und weil es die kräftigste aller Far-
ben ist, gelang es ihm, sich loszureißen.

👁 Die saubere, rote Seite des Pinsels zeigt sich den Zuschauern.

Ein bisschen Violett blieb im Blau zurück.
„Also zu mir gehört diese Farbe auf keinen Fall", mischte sich das Gelb ein, „mit
solchen Farben sollte sich eine saubere Farbe nicht einlassen, da macht man sich
nur schmutzig. Besonders wenn man so empfindlich ist wie ich."

👁 Dabei stolziert der Pinsel in Distanz zum Geschehen am Blattrand.

Da wurde es dem Rot zu bunt. „Hol ich mir eben einen Teil vom Grün", brüllte
es. Das Rot stürzte sich aufs Grün, presste allen Saft heraus und schluckte ihn
hinunter ...

👁 Aus dem grünen Pinsel wird Farbe mit den Fingern auf einen satten,
roten Klecks herausgepresst. Dann mischt der rote Pinsel Grün und Rot
zu Braun.

... und merkte in seiner Raserei nicht, welche Verwandlung geschah. Ja, es war
so seltsam, dass man es nicht glauben kann, wenn man es nicht selbst gesehen
hat: Aus dem leuchtenden Rot und dem saftigen Grün wurde Braun, dumpfes,
trübes Braun.

👁 Der orangefarbene Pinsel stürzt sich auf Blau und mischt mit wilden
Bewegung beide Farben.

Das Orange, das begeistert das Rot angefeuert hatte, konnte sich nicht mehr
bremsen. Mit dem schrillen Schrei: „Juhuuuu, dein blaues Wunder erlebst nun
duhuuuu!" stürzte es sich ins Blau. Und was geschah? Überall, wo sich Orange
mit Blau vermischte, wurde es auch Braun!

👁 Der gelbe Pinsel sticht heftig von allen Seiten ins Violett und rührt die
Farbschlacht perfekt.

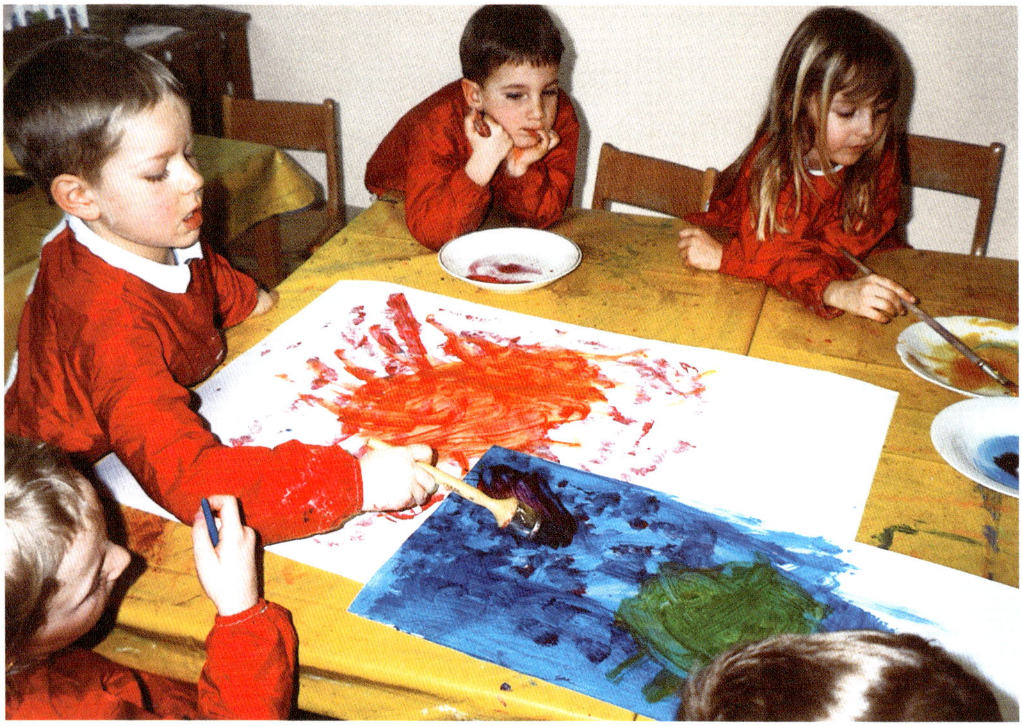

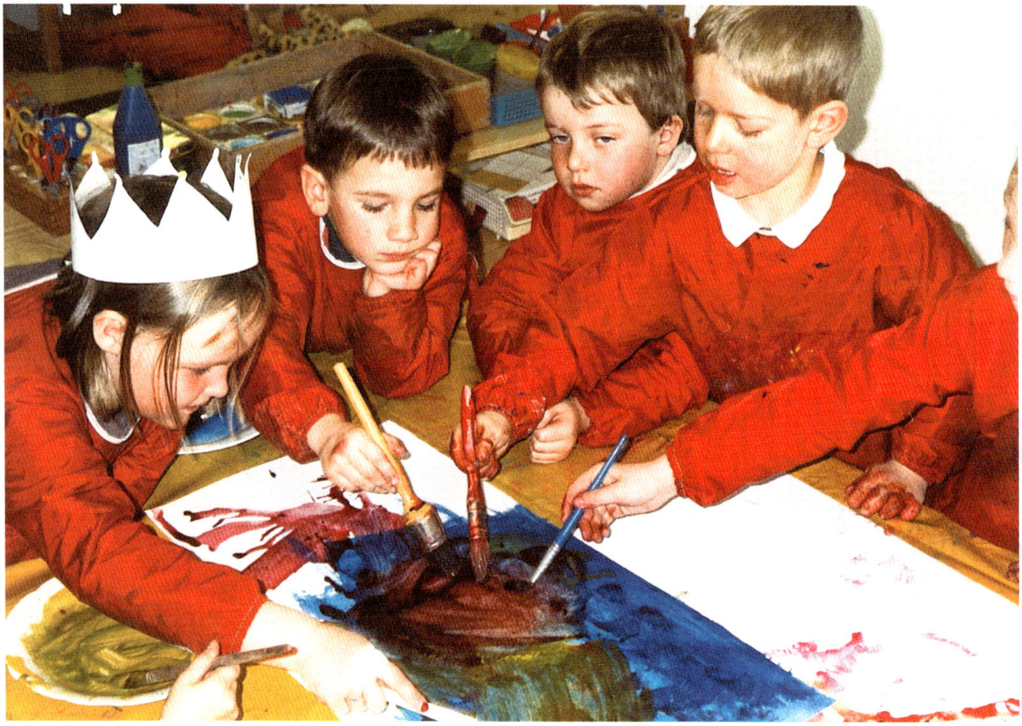

Die Farbenschlacht wurde noch grauenhafter, als sich das Gelb über das Violett hermachte. Und aus Gelb und Violett wurde ... auch Braun!
Je länger die Farbschlacht dauerte, desto dunkler wurde alles. Aus Braun wurde Dunkelbraun, Dunkelgrau, Dunkelgraubraun, Schwarz.
Das Rot, das kaum mehr leuchtete, konnte nur noch flüstern: „Mir wird schwarz vor Augen."
„Hilfe, ich verschwinde" jammerte das Gelb.
„Weiß jemand Hilfe?" rief das Blau in die Dunkelheit hinaus?
„Weiß jemand Hilfe?"

👁 Kurze Pause im Erzählen, um die Farbschlacht auf dem Papier zu betrachten. Kleine Reste von reinen Farben sind noch erkennbar, der Großteil ist aber dumpfes Braun.
Weiße Farbe wird in die Mitte der Farbschlacht geklatscht, das der Erwachsene mit „Blubb-Plopp, Blubb-Plopp, Blubb-Plopp" begleitet. Das Aufklatschen der Farbe und der Sprachklang sind identisch.

Da machte es „Blupp-Plopp". Nicht sehr laut, eher leise, so wie es „Blupp-Plopp" macht, wenn man Schlagsahne auf einen Teller klatscht.
„Ihr habt mich gerufen", sagte das Weiß. „Hier bin ich."

👁 Mit diesen Worten wird ein rundes, weißes Papier auf den Kleisterbrei gedrückt. Eine rein weiße Fläche inmitten der Farbschlacht.
Saubere Farbpinsel in Rot, Orange, Gelb, Grün, Blau und Violett sind am Rand des Papiers bereitgestellt.

Erschöpft krabbelten die Farbreste aus der finsteren Brühe.
Das Blau begann sich auszubreiten. Das Rot rannte sofort wieder herum. Das Gelb durchdrang den ganzen Kreis.

👁 Hierbei bewegen sich die Pinsel nur über das Papier, ohne Spuren zu hinterlassen.

„Halt!", rief das Weiß. „Wir machen jetzt einen Farbenkreis, da soll jede Farbe ihren Platz bekommen." Und es zählte die Farben. Es waren sechs.
Daraufhin unterteilte sich das Weiß in sechs gleich große Kuchenstücke.

👁 Mit einem schwarzen Edding werden sechs Teilstücke gezeichnet. Damit sie gleich groß sind, können die Linien zuvor mit Punkten markiert sein.

„Und jetzt auf eure Plätze", sagte es. „Das Rot soll oben sein."

👁 Alle reinen Farben werden parallel zum Text im Farbkreis aufgemalt.

„Jawohl, völlig richtig", brüllte das Rot und besetzte das Stück oben. Und links vom Rot setzte sich das Violett und rechts davon Orange. Beide Farben hatten etwas vom Rot.

Das Blau setzte sich neben das Violett, denn es hat ihm etwas von seiner Farbe gegeben.

Neben Orange kam das spitze Gelb. Es passte wie angegossen in das Stück.

Gegenüber von Rot setzte sich das Grün, das ein wenig vom Blau und vom Gelb bekommen hatte.

„Nun hat jede Farbe den besten Platz. Gebt Acht, dass ihr in der Mitte so weit wie möglich auseinander bleibt, sonst gibt es wieder Ärger!"

Damit war das Weiß wieder verschwunden.

Farben und Formen mit bunten Seilen

In der Rhythmik arbeiteten wir mit einfarbigen Tüchern, Bändern, Bällen (Kugeln), wie in den vorangegangenen Kapiteln inhaltlich und methodisch bereits beschrieben. An dieser Stelle möchte ich einen Rhythmikkomplex mit Seilen zum Thema Farben und Formen mit mehreren Einheiten beschreiben. Exemplarisch soll hier deutlich werden, wie sich Kinder mit Hilfe der Rhythmik einen sicheren Zugang zu Farbdefinitionen und -begriffen sowie zur Erfassung von Formen „erspielen" können.

Litzenseile formen sich

Nach der ersten, ausgiebigen Bewegungsphase zu Musik im Raum treffen sich alle um einen Korb in der Mitte, aus dem viele Seilenden heraushängen. Impuls der Erzieherin: „Viel zu einfach und auch langweilig wäre es, die Seile mit den Händen herauszuziehen. Kannst du ein Seil auch mit anderen Körperteilen, also ohne deine Hände, herausziehen?"

- ◉ zum Beispiel: mit den Zehen krallen
- ◉ mit beiden Ellbogen
- ◉ mit den Unterarmen
- ◉ mit dem Kinn
- ◉ mit beiden Fußspitzen
- ◉ mit dem Mund
- ◉ mit den Handgelenken
- ◉ zwischen beiden Knien

Während das Seil herausgezogen wird, entsteht am Korbrand ein Geräusch. Wir hören intensiv, auch mit geschlossenen Augen und können so auch feststellen, wann das Seil vollständig aus dem Korb herausgezogen ist. Auf diese Weise ist die ganze Gruppe aktiv am Geschehen beteiligt.

Experimentierphase mit dem Seil

„Dein Seil kannst du auf vielfältige Weise im Raum bewegen, damit spielen!" Die Kinder probieren

- ◉ mit dem Litzenseil zu schlängeln, in kleinen und größeren Bewegungen, am Boden, waagrecht vor sich und senkrecht im Raum;
- ◉ das Seil auf verschiedene Weise zu ziehen;
- ◉ durch Schlagen auf den Boden ein Knallen zu erzeugen;
- ◉ das Seil zu schwingen;
- ◉ das Seil als Lasso vor und über sich zu drehen;
- ◉ Seilspringen zu üben;
- ◉ mit dem Seil Figuren zu legen;
- ◉ das Seil im „Pferdchenspiel" dem Partner um den Bauch zu legen;
- ◉ das Seil um den Körper zu wickeln.

Während dieser Experimentierphase greifen wir Beispiele einzelner Kinder heraus, wiederholen sie gemeinsam und differenzieren sie. So werden Kinder in ihrem Tun, ihrem Selbstbewusstsein bestätigt und neue Impulse zum weiteren Entdecken aufgenommen.

Partnerspiel Schlängeln

Für die nächste Gruppenaufgabe greifen wir das Schlängeln der bunten Seile heraus. Mit dem Impuls: „Sucht euch beim Schlängeln eures Seiles einen Partner, eine Partnerin mit einem gleichfarbigen Seil. Probiert aus, wie ihr zusammen spielen könnt, ohne dabei die anderen Kinder zu behindern."
Bei dieser Aufgabenstellung ist nicht nur die Zuordnung der Farbe gefordert, sondern auch die Übersicht über die Gruppe, den Raum, das Reagieren auf den Partner, das eigene geschickte Agieren mit dem Seil.

„Ich spiele euch eine Musik, die euer Seil schnell oder langsam, kräftig oder schwach schlängeln lässt." Mit diesem Impuls beginnt der Erwachsene, den Jazzbesen und einen weichen Klöppel in schlängelnden Bewegungen, in unterschiedlicher Dynamik, Lautstärke und Tempo über das Fell der Pauke zu streichen. Pausen und plötzliche Stops erhöhen die Aufmerksamkeit der Kinder. Hören und Reagieren kommen zu den oben genannten Anforderungen an die Kinder dazu. In der Wiederholung haben Kinder die Führung durch die Musik übernommen, die Gruppe reagiert.

Begegnung auf Seilen

Zu Beginn der folgenden Bewegungsphase legen die Kinder ihre Seile auf den Boden: die blauen und grünen Seile sind gerade Linien, die roten und gelben Litzenseile liegen in Schlangenlinien oder Kurven. Die Musik führt die Kinder an den Linien im Raum entlang: Gehen, Trippeln, Schleichen, Hüpfen, Stampfen und andere Bewegungsmöglichkeiten.

In der Pause besprechen wir, wie wir reagieren können, wenn uns eine andere Person am Seil entgegenkommt: durch Ausweichen, durch Warten und Trippeln am Platz, durch Rückwärtsgehen, durch Vordrängeln, durch Abwarten. Die Kinder verbalisieren ihre Lösungen. Mit Spaß und auf spielerische Weise erleben und entdecken sie Lösungen, die sie auf die Alltagssituationen übertragen können und lernen dabei ihr soziales Verhalten steuern.

Blaue, rote, gelbe und grüne Häuser

Die notwendige Ruhephase erbauen sich die Kinder mit einem „Haus" am Boden. Sie legen ihr Seil so, dass die „Haustüre" (die Seilenden) geschlossen oder offen ist. Die Ruhezeit nützen wir für Sinnesübungen mit dem Material und mit unserem Körper. Zwischen den Übungen bewegen wir uns um die farbigen Plätze und kehren am Ende der Musik wieder an unseren Ort zurück.
Impuls:

- 👁 Welche Form hat dein Haus? Ist es rund, spitz, viereckig, hat es Zacken oder Rundungen, sieht es aus wie ein Berg, wie ein Herz?
- 👁 Erinnere dich an die Geschichte von den Farben. Rot ist rund, Gelb spitz, Grün ist eine Halbkugel, Violett ein Ei, Orange ein Stern, Blau ein Quadrat. Forme die Farbe deines Seils!
- 👁 „Kannst du dich so klein machen, dass du in dein Haus passt?"
- 👁 „Setze oder knie dich in dein Haus und taste die „Wand" um dich herum ab, auch mit geschlossenen Augen!"
- 👁 „Schließe deine Augen und sammle die Geräusche, die du hören kannst: die Kinder in der Nachbargruppe, Straßengeräusche, ein Vogel im Baum, das Müllauto ..."
  Danach sammeln wir die Geräusche und vergleichen sie mit dem, was wir wahrgenommen haben.
- 👁 „Was kannst du an deinem Seil entdecken?"
  Wir erkunden das Material, nehmen es genau „unter die Lupe" und berichten uns auch, was wir „ohne Augen" erkundet haben.
- 👁 „Schließe die Augen und lege die Hände auf deinen Brustkorb. Du spürst, wie er sich auf und ab bewegt. Dein Atem füllt ihn mit Luft. Beobachte deinen Atem."

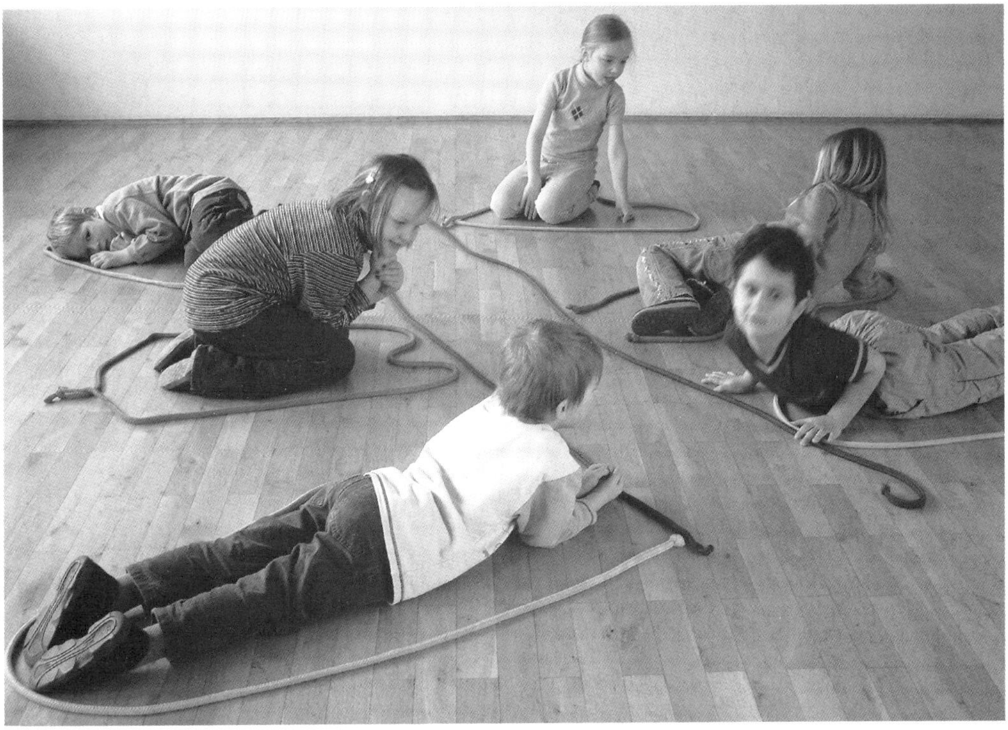

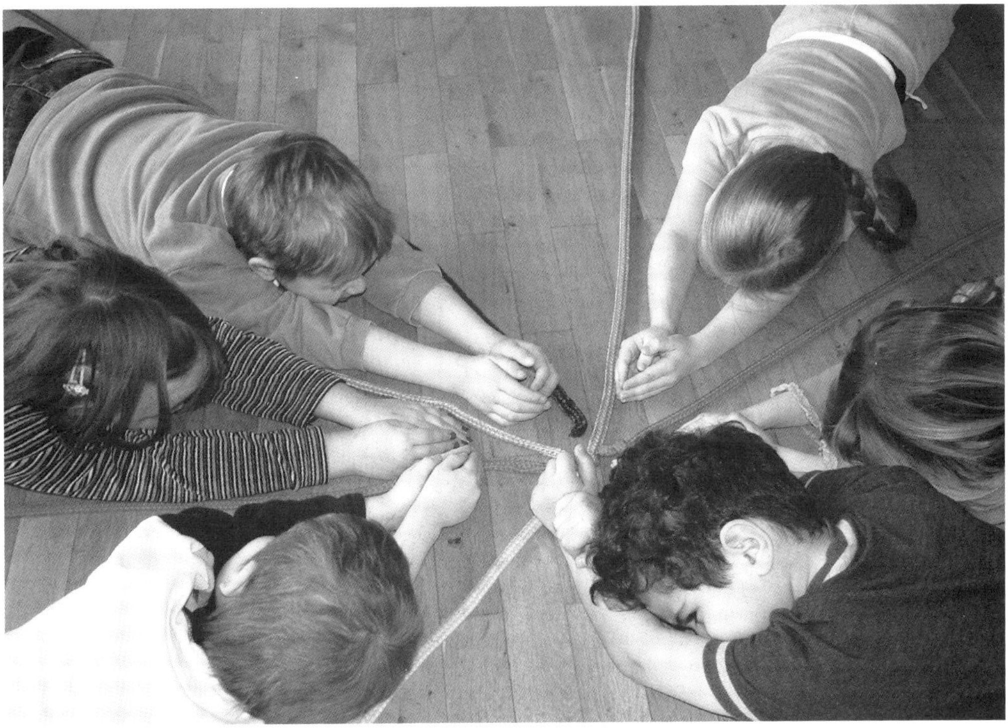

In dem Dorf leben Menschen

Die Häuser werden umgebaut, erhalten eine andere Form. Es entstehen dabei schmale, runde, mit einem Satteldach bedeckte, aber auch Eckhäuser, Doppel-häuser in gleichen Farben, bunte Reihenhäuser. Auf den Straßen dazwischen bewegen sich Menschen, deren charakteristische Bewegungsart von den Kindern vorher exakt benannt werden:

- 👁 Kinder, die in den Kindergarten hüpfen
- 👁 Kinder, die wütend stampfen
- 👁 ein Mann mit einem dicken Kartoffelsack auf dem Rücken
- 👁 der Papa mit dem Aktenkoffer
- 👁 die große Schwester mit der Handtasche
- 👁 die Oma mit der Einkaufstasche
- 👁 der Briefträger, der sein schwer bepacktes Fahrrad schiebt
- 👁 ein alter Mann, der es „im Kreuz" hat
- 👁 zwei tuschelnde Kinder
- 👁 alle Menschen, die vor dem Gewitter nach Hause rennen
- 👁 Mama mit zwei Einkaufsbeuteln

Charakteristisch zu den Gangarten der dargestellten Personen wird die Musik mit unterschiedlichem Instrumentarium selbst gestaltet: Xylophon in Pentatonik und Hölzchen mit verschiedenen Rhythmen, Rassel und trommelnde Hände auf der Pauke, streichende Fingerhüte auf dem Waschbrett – ein differenziertes Klangbild fördert ein charakteristisches Bewegungsbild.
Die beschriebenen Ruhe- und Bewegungsphasen der letzten beiden Übungen können miteinander kombiniert werden.
Am Ende der Rhythmikstunde haben wir unser „Dorfbild" mit den Augen „foto-grafiert" und aufgemalt. Auch die Häuser in ihren unterschiedlichen Farben und Formen waren zu erkennen.

Es war einmal ein Faden ...

Mit einem Seil erzähle ich folgende Geschichte von Josef Guggenmos:

Es war einmal ein Faden,
der lag da wie ein Strich.
Der lag da und langweilte sich.
„Was tu' ich? Ich ringle mich!"
Er ringelte sich zur Spirale.
Und dann mit einem Male
machte er aus sich draus

eine Schnecke mit ihrem Haus.
Gleich wurde was Neues gemacht:
Heidewitzka! Eine 8!
Bald darauf eine Dickedull,
eine kugelrunde Null.
Dann noch, mit viel Geschick,
ein Fisch, ein Meisterstück!
„Was kann jetzt noch sein?",
dachte der Fisch.
Da fiel ihm etwas ein ...
Josef Guggenmos

Rund, gerade, eckig

Sofort legen die Kinder Formen und Figuren am Boden. Wir balancieren an den Seilen entlang und auf ihnen, wir streichen sie mit den Fingern und Händen auch mit geschlossenen Augen nach. Wir summen oder brummen dabei, um die Dauer und Länge des Seils körperlich zu hören und zu spüren. Es ist schwer, exakte Ecken mit dem Seil zu legen. So ordnen wir bei einem Vier- oder Dreieck mehrere Seile aneinander, um spitze Winkel zu bekommen.
Die Bewegungsart passt sich in der körperlichen Darstellung den entsprechenden Seil-Formen rund, gerade und eckig an und wird mit gestreckten und runden Armen, Händen, Fingern, Beinen, Füßen verdeutlicht. Bis in die Haarspitzen offenbart die Körperhaltung, was die Augen wahrgenommen haben.

Ganzheitliches Lernen durch Rhythmik ist der Schlüssel zur Intelligenzförderung

Mit Freude und Neugier, mit Kreativität, mit persönlichem Einsatz und partnerschaftlichem Miteinander haben die Kinder konkrete Erfahrungen mit dem Seil in ihrem Denken und Wissen gespeichert. Die Erlebnisse bereichern alle Bereiche der geistigen, seelischen und körperlichen Fähigkeiten und Fertigkeiten. Die gewonnenen Erfahrungen stärken die Kinder mit Kopf, Herz und Hand in ihrer Individualität und erweitern die Flexibilität ihres Sozialverhaltens. Die Grundlage allen Wissens ist die Wahrnehmung über die Sinne. In der Rhythmik werden Erfahrungen und Erlebnisse verbalisiert, Begriffe gefunden. Der Wortschatz erweitert sich mit dem Erfahrungsschatz und kann nun als Wissen gespeichert werden. Im Denken verknüpfen sich die Bereiche assoziativ, dies nennen wir Intelligenz.

Selbst farbiger Pinsel sein

Rhythmik hilft, Erfahrungen zu verkörperlichen

Im Vorangegangenen dürfte bereits mehrfach deutlich geworden sein, dass es sich bei der Rhythmischen Erziehung nicht um eine schematische Übungsform zur rhythmisch-musikalischen Bewegungserziehung handelt. Die Rhythmik als pädagogisches Arbeitsprinzip beinhaltet den Anspruch, Erfahrungen, Erlebnisse und Zusammenhänge aus unserem Lebensalltag mit dem eigenen Körper zu entdecken und nachzuvollziehen, sie zu „verkörperlichen". Es gilt daher, dem Kind ein Umfeld zu schaffen, in dem es solche elementaren Erfahrungen sinnvoll, das heißt mit allen Sinnen, verarbeiten und in sein Denken und Wissen integrieren kann.

Farbige Tücher zur Darstellung der Farben

„Die wahre Geschichte von allen Farben" spricht die Kinder affektiv sehr stark an. „Das ist cool", ruft Till. Er identifiziert sich im Charakter mit einer Farbe, will selbst diese Farbe sein. Der Pinsel ist der Vermittler, das Medium, das ihm erlaubt, seine Fantasie-Bilder und Emotionen darzustellen. In die Rolle des Pinsels schlüpft das Kind mit Hilfe farbiger Tücher, mindestens zwei für jedes Kind. Rot, Blau, Gelb verkörpern sich in mehreren aufeinanderfolgenden Sequenzen über die Musik und die entsprechende Bewegung im Kind. In jeder Phase erarbeitet sich das Kind eine Farbe und taucht als „Pinsel" in sie hinein.

Das rollende Rot

Ich biete den Kindern improvisierte Musik zu den verschiedenen Grundfarben an. Rot ist die stärkste Farbe und imponiert als erste und vorrangige Musik. Es gilt, eine bewegungsaktive, im Rhythmus „rollende", im Klang fast aggressive Klangmischung zu finden. Die Trommel ist die Basis, Schellen an den Handgelenken unterstützen den Rhythmus verstärkt durch die Stimme. Auch ein bearbeitetes Waschbrett vermittelt die rollende Bewegung über Geräusche und Töne. Die „rote Musik" motiviert zur Großbewegung, zum starken, körperlichen Einsatz. Alle Energie fließt in die Vorstellung dieser Farbe, die das Kind in Fortbewegung, im Rollen am Boden, im Drehen, im Springen darzustellen sucht.

Beruhigendes Blau (oder Weiß)

Die Rhythmik lebt von Gegensätzen und kommt dem Kind in seinem körperlichen Bedürfnis nach Ruhe und Ausgeglichenheit (für die Farbe Blau) mit einer Musik entgegen. Auf dem Metallophon, kombiniert mit Glockenspiel, in schlichter Melodie und mit ruhigem Klang musiziert, entstehen beruhigende Phrasen.

„Suche dir ein farbiges Tuch zu dieser Musik aus. Du kannst es tanzen lassen, um dich binden. Du kannst selbst diese Farbe sein. Du kannst auch der Pinsel sein, der die Farbe im Raum verteilt." Die meisten Kinder greifen zu blauen Tüchern, einige erleben den Gegensatz zum Rot so stark, dass sie zu Weiß greifen.

Das spitze Gelb

Mit einer Triangel, unterstützt von einem Becken, sticht das spitze Gelb in den Raum. Die gelben Tücher in den Händen erobern den ganzen Raum. Der metrische Grundrhythmus auf dem Becken drängt zur Fortbewegung, die Impulse der Triangel zum Setzen der Farbspitzen im Raum. Jedes Kind findet eine individuelle Lösung für seine körperliche Darstellung. Die Anforderung stellt es sich selbst, seinen Vorstellungen und Wahrnehmungen entsprechend. Je eindeutiger, charakteristischer und zu eigenen Lösungen animierender die Musik auffordert, umso zufriedener ist der Einzelne mit seiner Umsetzung.

Der Kontrast von Rot und Blau

Kinder reizt Chaos. Eigene und äußere Grenzen werden ausgetestet, überschritten, festgelegt. Die Beschränkungen legt das Kind selbst fest durch sein Selbstbewusstsein oder sein Sicherheitsbedürfnis. Der Bereitschaft zum Chaos steht die Sicherheit von Ruhe und Ausgleich gegenüber: Rot und Blau mischen sich. Im immer gleichbleibenden Pulsschlag des Metrums des Metallophons orientiert sich das Blau fließend in seiner Bewegung. Rot findet sich im Hüpf-Rhythmus der Trommel wieder und spritzt um sich. Blaue und rote Tücher treffen sich, „spielen" miteinander, reizen sich aus, animieren sich, beruhigen sich gegenseitig. Das Blau kann sich ausbreiten oder zurückziehen, Rot sich ein-mischen, das Ganze aufmischen oder dominierend den gesamten Raum ausfüllen.

Klärendes Weiß

Stoppt die Musik, breitet sich Weiß mit der Klangschale beruhigend über die Farbschlacht. „Schließe die Augen, beobachte deinen Atem. Wenn der Ton in deinen Ohren verklungen ist, öffnest du die Augen". Die Kinder nehmen die Musik mit den Ohren wahr und erleben sie mit Leib und Seele. Die Schwingungen von Farbe und Klang übertragen sich von den Fuß- und Fingerspitzen bis zum Herzschlag. Der Körper wird zum Instrument der Gefühle.
Die wahre Geschichte von allen Farben in Rhythmikstunden vertont, verkörpert und be-wegt, sie ist ein Erlebnis, das zur intensiven Auseinandersetzung, zum weiteren Experimentieren und Gestalten mit Farben und Klängen motiviert. Diese Experimentierfreude ist nicht nur bei Kindern zu beobachten, auch Erwachsene können sich durch die Methoden der Rhythmik neuen Erfahrungen öffnen …

Erzieher/innen: Entstaubt die Instrumente!

Vertonung des Bilderbuches mit Erwachsenen

Leider ist der Umgang mit Instrumenten bei Erwachsenen häufig von einem Perfektionismus besetzt, der blockiert. Neugierde, Experimentierfreude, Erfindungsreiz und Erkunden von Möglichkeiten und Fertigkeiten, Musik zu entdecken, zu er-finden und zu gestalten, verschwinden oftmals ängstlich hinter der Vorstellung einer perfekten Komposition und Interpretation.

„Entstaubt die Instrumente! – Experimentelles Gestalten mit Sprache, Musik und Bewegung". So lautet der Titel einer meiner viel besuchten Fortbildungsveranstaltungen. Der Wunsch, „es auch zu können", Handwerkszeug, Starthilfe und Zutrauen zum Musizieren zu bekommen, schweißt die Erzieher/innen zu neugierigen Forscher/innen und mutigen Entdecker/innen zusammen. Horchen, Lauschen, Ausprobieren, Schauen, Spielen, Be-greifen, Verknüpfen von Bewegung und Geräuschen, Tönen, Klängen be-wegt den Menschen und öffnet die Türen zum Musizieren. Bei diesen Fortbildungsveranstaltungen ist der abschließende Höhepunkt die Vertonung des Bilderbuches „Die wahre Geschichte von allen Farben" mit den Teilnehmer/innen.

Einstieg mit Bewegung zu Musik

Zunächst muss sich die Gruppe als eine Summe von Individualisten kennen lernen und im gemeinsamen Tun zueinander finden. Sich zu vielseitiger Musik auf der Basis eines Metrums durch den Raum zu bewegen wird als befreiendes Zusammenspiel von Wahrnehmen, Reagieren und Empfinden erlebt.

Den Raum zum Klingen bringen

Mit den Händen, Ellbogen, Beinen und anderen Körperteilen wird der Raum zum Mit-Klingen und Mit-Schwingen gebracht. Holz, Metall, Glas, Plastik, Linoleum, Stein, Keramik erzeugen und bewirken unterschiedliche Klangfarben. In der Fortführung ersetzen Klöppel die Hände und differenzieren Geräusche, Töne und Klänge. Zusätzlich kommt der Rhythmus der Musik ins Spiel.

„Dirigierspiel" mit Klöppeln

Ein „Dirigierspiel" mit Klöppeln führt in die ersten Regeln des gemeinsamen Musizierens ein:

👁 Wie gebe ich den Einsatz zum gemeinsamen Beginn?
👁 Wie bereite ich den Schluss vor? Als Dirigent ist jede(r) einmal dran!

- 👁 Wie zeige ich verschiedene Lautstärken, Tempi, Charaktere der Musik an?
- 👁 Welche Spielmöglichkeiten eröffnet das unterschiedliche Hantieren mit Klöppeln? Eine unterschiedliche Anschlagtechnik oder umgedrehte Klöppel erzeugen neue Klangfarben.
- 👁 Welchen Klang erzeugt ein Wechselspiel oder das Zusammenspiel der Klöppel?
  Wiederholte Bewegungsmotive erzielen feste Klangmotive? Wahrgenommenes wird gezielt wiederholt.

Das Spiel mit den Klöppeln wird auf Stabspiele (Xylophone, Metallophone, Klangbausteine und Glockenspiele) übertragen. Um einen harmonischen Klangteppich zu erreichen, wählen wir die Ganztonleiter. In der Pentatonik, wie diese Tonart genannt wird, sind alle Halbtöne entfernt, das heißt, dass bei C-Dur alle F- und H-Klangstäbe herausgenommen werden. Es fehlen damit die Leittöne zu einer Abschlusskadenz. Somit ist der Spieler nicht gezwungen, auf einem Ton der Grundharmonie, mit C, E oder G seine Melodiebogen zu beenden. Denn in der Pentatonik empfindet das Ohr jeden gespielten Ton als „richtig". Mit den im Dirigierspiel eingeübten Grundregeln entsteht sogleich ein ermutigendes, überaus wohl klingendes Zusammenspiel.

Sprachrhythmus unterstützt Spielrhythmus

Das verbindende Element unseres Musizierens ist das Metrum, der immer gleichbleibende Pulsschlag, auf dem nach und nach Rhythmen gespielt werden können. Unterstützend für das Spiel von Rhythmen ist der gesprochene Rhythmus mit den Sprechwerkzeugen des Mundes. Namen, Tiernamen, Silben, Worte, kleine Sätze, Nonsensverse, produzierte Geräusche sind Hilfen. Sie erzielen die Identität von Sprach- und Spielrhythmus.

Nach einem solchen „Erfolg", der für viele Teilnehmer/innen das erste gemeinsame Musizieren bedeutet, sowie nach weiteren Experimentier- und Rundspielen mit Instrumenten und Bewegung ist der Mut und die Sensibilität zum Ausgestalten des Bilderbuches gestärkt.
Die Geschichte wird zunächst lebendig vorgetragen, die Teilnehmer/innen werden mit dem Inhalt vertraut und für das Folgende motiviert.

Die „wahre Geschichte" tönt

Eine Experimentierbaustelle mit allen zur Verfügung stehenden Materialien, mit tönenden und klingenden Gegenstände und Instrumenten, fordert die

Neugier und das Erforschen der Rhythmen und Klänge für die Einzelrollen von Rot, Gelb und Blau im Bilderbuch heraus. Eine Kleingruppe erarbeitet „das rollende Rot", eine andere „das sich ruhig ausbreitende Blau", eine Gruppe „das spitze, neidische Gelb". Mit Spannung erwartet werden die Farben Orange, Grün und Violett. Diese Mischfarben ergeben sich später tatsächlich aus der Mischung der Klänge im Verlauf der Geschichte.

Beim Aufbau der „Baustelle Instrumente" ist es wichtig, dass ungewöhnliche Materialien, wie z. B. Waschbrett, Eierschneider und Schneebesen, Reibe, hohl klingende Kartons und ähnliche Dinge das gewohnte Musik-Instrumentarium ergänzen. Der experimentelle Umgang mit den Klangmöglichkeiten dieser Gegenstände fördert die Motivation zum Erkunden. Ferner reizen originelle Kombinationen der Instrumente und Gerätschaften zum Ausprobieren:

- Das Xylophon steht schräg, eine Kugel, lange Streichhölzer und Glassteine liegen darauf, rollen und rutschen klingend herunter.
- In der umgedrehten Pauke befinden sich kleinste Perlen oder ein Hartgummiball.
- Ein Jazzbesen liegt auf dem Metallophon.
- Anstelle des Klöppels rollt eine Rassel über das Glockenspiel.
- Der Eierschneider aus der Küche ergänzt eine Holzkiste, über die Gummis gespannt sind.

Weitere unübliche Zusammensetzungen regen die Experimentierfreude an.

Die Erzieher/innen werden motiviert und herausgefordert, nicht ausschließlich verbal zu planen, sondern die Ergebnisse des Experimentierens zu strukturieren, zu verknüpfen, zuzuordnen und zu kombinieren. Für die spezifische Rolle des Rot erfinden alle Gruppen einen durchlaufenden Rhythmus zur Bewegung. Blau wird eher als Klangteppich zum Innehalten empfunden. Gelb hat häufig eine hinterlistige, heimtückische Funktion und erreicht nicht selten blitzschnell, überraschend oder auch leise anschleichend das Geschehen der Geschichte.

Die „wahre Geschichte" ist jedes Mal eine andere

In jeder Fortbildungsveranstaltung ist zwar die zugrunde liegende Geschichte von den Farben dieselbe, aber die Interpretationen sind so unterschiedlich, wie die Teilnehmer/innen sie in ihrer individuellen Persönlichkeit empfinden und darstellen. Übertragen die Teilnehmer/innen ihre Erfahrungen aus dem Fortbildungsseminar in ihre pädagogische Praxis, bietet sich die Chance, die Beziehung mit ihren Kindern oder Jugendlichen beim gemeinsamen Entdecken und Gestalten der Geschichte weiterzuentwickeln.

Kinder: Entdeckt die Instrumente!

Experimentierwerkstatt Musik

Der gemeinsame Weg von Kindern und Erwachsenen zu nicht vorher festgelegten, erwarteten Lösungen und Ergebnissen führt ohne Leistungsdruck nur über das Experimentieren! Experimentierbaustellen kennen wir aus der Psychomotorik. Da wird ein „Parcours" von zur Bewegung motivierenden Geräten aneinandergereiht, der die Kinder körperlich, geistig und seelisch be-wegt. Auch im Hinblick auf die musikalische Förderung können wir diesen Weg beschreiten und eine Experimentierwerkstatt Musik einrichten.

Entdecken, Erproben, Abwägen, Zuordnen, Verändern, Wiederholen schaffen Erlebnisse und Erfahrungen, wie Kinder aus Instrumenten Töne, Geräusche und Klänge locken können, die abseits fester Vorstellungen – „das spielt man so oder so" – neue Klangräume ergeben. Neugierde und Wissensdurst fördern Kombinationsfähigkeit, Koordination, genaues Wahrnehmen, Assoziationsfähigkeit und viele weitere Eigenschaften, sowie die Intelligenz und waches, erlebnisorientiertes Denken der Kinder.

Erkunden der charakteristischen Klangeigenschaften

Übertragen auf die Arbeit an unserem Bilderbuch bedeutet das: Die Kinder haben Zeit und Raum, für das Blau, das Rot, das Gelb charakteristische Klangeigenschaften zu finden. Sie selbst versuchen durch Ausprobieren verschiedener Kombinationen mit Rassel, Waschbrett, Jazzbesen, Klangstäben, Xylophon, Waschmitteltonne, Eierschneider und anderen klingenden Gegenständen, eine Lösung für rollende oder spitze, neidische oder beruhigende Farben zu finden.

Pädagogisch-methodischer Weg

Selbstverständlich ist diese Experimentierwerkstatt kein leiser Ort. Von der Erziehern fordert dies mitunter einen Spagat zwischen Freiraum zum Erproben und „Festhalten der Ergebnisse". Pausen zum Auf–einander–Hören können ebenso wichtig sein wie freies Umgehen, Er-spielen der Geräusche, Töne und Klänge der bereitliegenden Gegenstände. Um zu Beginn bereits ein inhaltliches Chaos zu vermeiden, ist es sinnvoll, sich in der Kleingruppe jeweils auf die Interpretation nur einer Farbe zu verständigen und eine begrenzte Instrumentenanzahl anzubieten. Gemeinsam entwickelte „Ergebnisse" werden festgehalten und können als wiederkehrende Elemente zwischen den weiteren Ausprobierphasen wiederholt werden. Damit baut sich allmählich eine Palette von „vertonten Farben" auf, die schließlich zur vertonten Geschichte aneinandergereiht werden. Je nach Entwicklungsstufe der Kinder genügen zunächst die Grundfarben Rot, Blau

und Gelb. Später können die im Farbkreis dazwischen liegenden Farben
Orange, Grün, Violett ergänzt werden.

Das rollende, brüllende Rot

In der Regel spricht das „rollende,
brüllende Rot" die Kinder zuerst an.
Wie klingt die Rassel, wenn sie über
das Waschbrett rollt? Können rollende
Hölzchen auf dem Boden den Klang
verstärken? Oder ein Nudelholz? Tan-
zende Hände auf einer Tonne, Trommel
oder Pauke unterstützen die Bewegung.
Durch die Auswahl der Instrumente
und Materialien kann die Erzieherin
behutsam eine „Spur" zum Entdecken legen.

Beruhigendes Blau und reines Weiß

Das beruhigende Blau bildet den Gegensatz zum rollenden Rot. Hier gilt es,
Instrumente zu finden, deren Töne fließen, lange nachklingen, Melodien zum
„Träumen" ermöglichen. Alle Metallkörper und Saiten sprechen die Kinder an.
Der Regenmacher kommt uns wieder in Erinnerung: sein Inhalt fließt schier
unendlich, wie auch die Perlen in der „ocean-drum".
Einzelne Kleingruppen musizieren gerne auf Stabspielen über einem Metrum.
Der immer gleichbleibende Pulsschlag ist die Basis, auf der die Töne der Penta-
tonik (Fünftonreihe) mit zwei Klöppeln zu einfachen Melodien gespielt werden.
Die fortlaufende Bewegung, die aus dem fließenden Blau spricht, erspielt sich
den ausbreitenden Charakter der Farbe. Sie klingt „so weit wie der Himmel".
Das Weiß findet möglicherweise durch eine Klangschale in einem lange anhal-
tenden Ton seinen Ausdruck.

Das spitze Gelb

Neidisch spitze Töne? Wie klingt Gelb? Hell? Grell? Unangenehm oder golden
warm? Geheimnisvoll? – Auf der Suche nach geeigneten Instrumenten gehen
die Vorstellungen auseinander. Die Kinder entdecken sowohl eine Murmel im
Glas, die Triangel, einen Flötenkopf, rollende Steinkugeln in einem Metallbe-
cher als auch den gezupften Eierschneider aus der Küche, das Saitenspiel der
Erzieherin mit dem vorsichtig darüber gezogenen Jazzbesen und die umgedreht
gestrichenen Klöppel auf dem Metallophon. Gelb zeigt viele Gesichter.

Mixturen entwickeln sich

Was geschieht nun mit den Mischfarben? Sie mischen sich aus den Grundfarben – wie in der Geschichte. Doch zunächst haben wir die Geschichte musikalisch erst einmal mit Rot, Blau und Gelb erzählt und vertont. Erst wenn die Kinder selbst das Bedürfnis nach einer Vermischung äußern, entstehen durch Vermengen von Geräuschen laute explodierende Klänge für Orange, das saftige Grün oder Töne für das zurück-

haltende Violett. Braun tritt nicht nur im Buch unschön und undefinierbar in Erscheinung. Das „Mixtum Kompositum" aus allen Farben klingt grässlich und schreit förmlich nach Hilfe!

Sich zurücknehmen ist eine grundsätzlich wichtige Fähigkeit der Spieler beim gemeinsamen Musizieren. Immer wieder bedarf es der geschickten Impulse der Erzieherin, das Rot beim Mischen an Gleichwertigkeit zu erinnern. Violett entsteht nur dann, wenn Blau und Rot sich gleichgewichtig mischen. Die Geschichte der Farben weist auf diese Notwendigkeit und, einmal selbst im Umgang mit den Farben erlebt und verstanden, interpretieren die Kinder die Musik um der Sache willen gerecht, und nicht, weil der Erwachsene es anordnet. Dies ist für mich die kindgerechteste Form musikalischer Früherziehung!

Die Präsentation als „berauschendes" Erlebnis

Höhepunkt der musikalischen und farbgeschichtlichen Ausgestaltung des Buches ist die Kombination aller erarbeiteten Bereiche. Es ist aber auch ein geduldiger, weiter und immer wieder von Neugier gekennzeichneter, gemeinsamer Weg: die Interpretation des Bilderbuches durch das Erzählen, durch das darstellende Gestalten mit den Pinseln und die musikalische Umsetzung. Das kann ein „berauschendes" Erlebnis auch für zuschauende und zuhörende Eltern werden!

Ein Ausflug in die Religionspädagogik

Der Farbkreis als Abbild der Gemeinde

Angesprochen durch die Farbsymbolik, die inhaltlichen, sprachlichen und rhythmischen Interpretationsmöglichkeiten der Bilderbuchgeschichte, hat Matthias Striebeck, Pfarrer in der evangelischen Kirchengemeinde Prien am Chiemsee, den Inhalt des Buches von Eva Heller mit Konfirmanden für die Gestaltung eines Jugendgottesdienstes übertragen. Grundfragen in der Gruppe waren:

- Was bedeutet Gemeinde?
- Wer ist die Gemeinde?
- Welche Position übernimmt der Einzelne mit seiner persönlichen Individualität?

Jede soziale Gemeinschaft, ob Schulklasse, Freizeitgruppe, Konfirmandenkurs oder Horteinheit, ist ein Abbild unserer bunten Gesellschaft. Einzelne Personen haben ihren Platz, und doch sind sie zusammen ein Ganzes. Die Ganzheit wirkt wie ein Farbkreis auf reinem Weiß. Der Kreis lässt Mischungen zu, aber auch die Chance zu einer leuchtenden Grundfarbe.

Vorbereitende Auseinandersetzung

Nachdem die Bilderbuchgeschichte erzählt wurde, legen die jugendlichen Konfirmanden einen Farbkreis mit einfarbigen Tüchern und ordnen sich selbst einer Farbe zu. Bin ich spitz wie das Gelb oder laut rollend rot, ruhig ausbreitend blau oder saftig grün? Übernehme ich das Schwanken des Violetts? Bin ich Orange, eine Mischung aus Rot und Gelb? In welcher Farbe äußert sich mein ganz persönliches Ich, meine Beziehung zu anderen Personen, mein sozialer Einsatz in der Gemeinschaft sowie meine Frömmigkeit? Was beinhaltet diese reine, fundamentale, ordnende Rolle des Weiß? Ist es das soziale System, die Gemeinde, die Religion, Gott? Wertfreie Farbeigenschaften werden im Gespräch und in mitunter auch heftiger Diskussion den eigenen, wertfreien Charakteren zugeordnet. Die Klarheit des Weiß wird gemeinsam definiert.

Szenisches Spiel mit farbigen Tüchern

In einer Kleingruppe werden die einzelnen Dialoge der Geschichte für die szenische Umsetzung im Gottesdienst herausgearbeitet und aufgeschrieben. Zum darstellenden Spiel erhält jede/r Jugendliche ein großes farbiges Tuch seiner Wahl und übernimmt damit eine bestimmte Rolle. Einzelne Farben können leuchten, rollen, eindringen, laut oder leise sein, Konflikte ausgleichen. Das totale Vermischen kommt der Pubertät entgegen, in der Jugendliche ihre

Bestimmung suchen, finden und wieder verändern können. Der klar geregelte Farbkreis am Ende schafft Orientierung.

Das Ziel, sich selbst in diesem Kreis einzuordnen, braucht den weißen Hintergrund, das soziale System. Im handelnden Spiel geschieht eine Sensibilisierung für solche Prozesse, die sich in der szenischen Darstellung vorübergehend manifestieren, aber in der Realität im Fluss sind.

Im Folgenden wird die szenische Ausarbeitung der Konfirmandengruppe wörtlich als Beispiel wiedergegeben. Ein ähnliches Rollenspiel kann unter dem Motto „Ich bin Ich – Wir sind eine Gemeinschaft" auch mit Kindergarten- und Schulkindern für den Familiengottesdienst oder für ein Sommerfest entwickelt werden. Lieder zum Thema oder Musikbeispiele, wie sie in den vorigen Kapiteln vorgesellt wurden, können ein solches Projekt ergänzen.

„Die wahre Geschichte von allen Farben" in unserer Pfarrgemeinde

Nicki: *Vor einem Jahr, da waren die Kirche und die Gemeinde für die meisten Konfirmanden noch ein unbeschriebenes, ein weißes Blatt. Und wenn etwas weiß ist, dann ist es zwar hell und sauber, aber auch leer. Dann kamen sie! Sie kamen wie ein Rot! Sie kamen angerannt, denn das Rot ist immer schnell.*

Ronja (brüllt): *„Achtung, hier bin ich!"*

Laura: *„Guten Tag. Ich freue mich dich zu sehen."*

Ronja (brüllt): *„Ist da jemand?"*

Laura: *„Ich bin's, das Weiß."*

Ronja: *„Ich kenn' dich gar nicht. Hab' dich gar nicht gesehen!"*

Laura: *„Hoffentlich gefällt es dir hier bei mir? Ich habe für dich extra alles sauber gemacht."*

Ronja: *„Also für meinen Geschmack ist es ziemlich langweilig hier … Na ja … Auf dir leuchte ich besonders schön. Meinetwegen kannst du bleiben, wie du bist. Du bist okay."*

Laura: *„Danke."*

Nicki: *Plötzlich kam das Blau. Für das Rot kam es aus heiterem Himmel.*

Flo: *„Ich möchte mich etwas ausruhen."*

Nicki: *Und das Blau wurde größer und größer. So ist das Blau manchmal: Wenn es anfängt sich auszubreiten, dann hört es nicht mehr auf. Es ist wie der Himmel. Plötzlich ist das Blau da, und dann ist es einfach überall. Einfach endlos.*

Ronja: *„Blas' dich nicht so auf!"*

Flo: *„Ich möchte mich keinesfalls mit dir streiten. Ich werde nur dort sein, wo du nicht bist."*

Nicki: *Trotzdem passte das dem Rot nicht. Denn es meinte, dass es nicht mehr so leuchtete wie auf dem Weiß. Schmollend zog es sich in eine Ecke zurück und dachte nach. Als es noch so nachdachte, kam das Gelb. Das Gelb war nicht* *besonders groß, aber spitz.*

Ronja: „*Hier ist kein Platz mehr für dich.*"

Kim: „*Was du nicht sagst. Soll ich dir ein Geheimnis verraten?*"

Ronja: „*Dein Geheimnis interessiert mich nicht*".

Kim: „*Ich verrat's dir trotzdem, weil du's bist. Pass auf: Für mich ist überall Platz, das ist mein Geheimnis.*" (Gelb zwickt das Rot.)

Ronja: „*Au!*" (Gelb zwickt weiter.)

Ronja: „*Au, au, au!*"

Kim: „*Wer mir keinen Platz macht, den durchdringe ich! So mach' ich das!*" (Gelb umschlingt das Rot.)

Kim: „*Und jetzt werde ich mich mit dir mischen!*"

(Rot und Gelb hängen zusammen und es entsteht etwas Neues: Orange.)

Nicki: *Das Orange war noch lauter als das Rot.* (Rot verschwindet.)

Alina: „*Eines ist doch jedem klar: Orange ist super wunderbar!*" (lacht, klatscht sich Beifall)

Flo: „*Etwas Ruhe bitte! Möchtest du dich nicht benehmen wie eine vernünftige Farbe?*"

Alina: „*Juhuuuu!*" (Das Orange lacht das Blau aus.)

Nicki: *Das Blau seufzte. Es mochte das Orange nicht. Was kein Wunder ist, denn größere Gegensätze als Blau und Orange gibt es nicht.*

Das Gelb wurde neidisch, weil jeder nur noch auf das Orange sah und zog sich zurück. Da kam das Rot wieder zum Vorschein.

Kim: „*Jetzt durchdringe ich zur Abwechslung mal das Blau!*" (Gelb verschwindet.)

(Grün tritt auf und hakt sich beim Blau ein.)

Oliver: „*Ein sicheres Plätzchen. Mehr brauch' ich nicht. Hauptsache, man ist gesund.*"

Ronja: „*Jetzt muss sich Blau mit Grün den Platz teilen!*"

Flo: „*Das Grün nimmt mir nichts weg. Im Gegenteil! Grün ist ein Teil von mir, es gibt mir was dazu!*"

Nicki: *Und tatsächlich sah das Blau schon wieder ein bisschen größer aus.*

Ronja: „*Dann werde ich dich jetzt durchdringen!*" (Rot fährt in das Blau; zwischen Blau und Grün hindurch)

Flo: „*Nicht so hitzig, junger Freund! Das kann leicht ein blaues Auge geben!*"

Sarah (kommt violett zurück): „*Was ist denn jetzt los?*"

Flo: „*Ich dachte, du weißt das: Wenn Rot und Blau sich mischen, gibt es eine neue Farbe. Auch das Violett ist ein Teil von mir.*"

Ronja: „*Das könnte dir so passen!*" (rupft das Rot heraus und legt es sich wieder um; etwas Violett bleibt zurück. Das Rot merkt das und schimpft:) „*Hey, da ist noch ein Teil von dir! Der soll sofort herauskommen!*"

Flo: „*Lass es selbst entscheiden, zu wem es gehören will.*"

(Ein eigenes Violett fällt aus dem Blau heraus.)

Kim: *„Also zu mir gehört diese Farbe auf keinen Fall. Mit solchen Farben sollte sich eine saubere Farbe nicht einlassen. Besonders, wenn man so empfindlich ist, wie ich.“*

Nicki: *Das Violett schwieg. Im Gegensatz zu Gelb kann es nämlich seine Gedanken für sich behalten. Es ist sogar die geheimnisvollste aller Farben. Und dem Violett war das Gelb zu hell und zu grell und sein Gekicher ging ihm auf die Nerven. Aber das sagte das Violett nicht. Es schwankte nur schweigend hin und her.*

(Orange kommt zurück.)

Alina: *„Bescheidenheit ist eine Zier, doch ich komm' weiter ohne ihr!“*

Ronja: *„Dann hol' ich mir eben ein Teil vom Grün!“*

(Alle Farben bewegen sich weiter.)

Nicki: *Das Rot merkte in seiner Raserei nicht, welche Verwandlung mit ihm geschah. Ja, es war so seltsam, dass man es kaum glauben kann, wenn man es nicht gesehen hat: Aus dem leuchtenden Rot und dem saftigen Grün wurde Braun. Dumpfes, trübes Braun.*

Und was geschah?

Überall, wo sich die Farben durcheinander mischten, wurde es Braun. Die Farbschlacht wurde immer grauenhafter.

Überall Braun. Und es wurde immer dunkler.

So dunkel, dass wir Ihnen das gar nicht zeigen wollen.

Dunkelgrau, Dunkelbraun, Dunkelgraubraun. Schwarz.

(Alle ziehen sich unter braunen und schwarzen Decken zusammen; neben dem Weiß.)

Ronja (sehr laut): *„Mir wird schwarz vor Augen!“*

Alle rufen: *„Hilfe! Weiß jemand Hilfe?“*

(Zwei nehmen das Weiß und breiten es als Wand neu aus.)

Laura: *„Ihr habt mich gerufen? Hier bin ich!“z*

Flo: *„Ach, das tut gut!“* (Blau kriecht vor das Weiß, Rot rennt herum, Gelb kommt hervor.)

Ronja: *„Ich war zuerst da! Die anderen sollen verschwinden.“*

(Das Weiß widersprach.):

Laura: *„Jede Farbe ist gleich wichtig und gleich schön. Ihr müsst aufpassen, dass ihr euch nicht wieder vermischt!“* (Sie zählt die Farben durch:) *„Sechs. Und jetzt bekommt jeder seinen festen Platz.“* (Das weiße Tuch wird ausgebreitet.)

Flo: *„Ah! Eine wirklich harmonische Lösung. Wirklich weise.“*

Ronja: *„Versteh' ich nicht.“*

Orange: *„Ich will in die Mitte“.*

Laura: *„Dann wirst du nicht nur Braun, sondern Schwarz. Und jetzt alle auf eure Plätze! Das Rot soll für heute einmal oben sein.“*

Ronja: *„Jawohl! Ganz richtig“.*

Laura: *„Und damit hat jede Farbe ihren Platz.“*

Nicki: *Und damit war das Weiß schon wieder verschwunden.*

Pfarrer Striebeck: „*Und nun noch einige Erklärungen zur Auswahl und Umsetzung dieser Geschichte. Das Rot waren die Konfirmanden. Das haben wir gesagt.
Wer war das ruhige Blau?
Das satte Grün?
Das spitze Gelb?
Oder das Orange, das lauter und spitzer ist als Rot und Gelb?
Das geheimnisvolle Violett?
Wir lassen die Fragen offen.
Nur alle Fragen zusammen – und nur auf dem weißen Hintergrund – machen den Farbkreis komplett. Komplementärfarben liegen sich gegenüber und werden sich nie verstehen; anderes lässt sich zu schönen neuen Farben mischen.
Manche Konfirmandinnen und Konfirmanden haben schon den Glanz weiterer Farben. Sie werden unser Gemeindeleben bereichern und bunter machen. Es sind nur noch ein paar Wochen bis zur Konfirmation.
An diesem Tag wird das Rot wirklich ganz oben stehen. Aber nicht, um dort zu bleiben. Denn kaum hat man diesen Punkt erreicht, schon drängt das nächste Rot darauf, an die oberste Stelle gesetzt zu werden. Die diesjährigen Konfirmanden müssen dann ihren Platz räumen. Sie müssen sich mischen mit den anderen Farben. Einmischen. Aufmischen.
Wir müssen ihnen diesen Raum geben. Auch wir hatten ihn einmal.
Sie bringen immer wieder das manchmal aggressive und sogar blutige, aber vor allem warme Rot in unser Gemeindeleben ein. Wir dürfen ihnen nicht mit Kälte oder Ablehnung begegnen.
Sonst verlassen sie unseren Kreis. Sie leuchten anderswo. Oder sie werden braun.
Im Farbkreis muss man alle Farben mischen können, die Gott in seiner Schöpfung für den Menschen vorgesehen hat.*

*Im eigentlichen Predigttext für den heutigen Sonntag heißt es, dass es nicht schwer sei, die zehn Gebote Gottes zu halten. Bezogen auf den Farbkreis, der von Goethe bis Lüscher so viele große Geister bewegt hat, ist das auch wirklich nicht schwer: Wir müssen nur ein wenig zusammenrücken, damit Platz entsteht. Wir dürfen keine Angst haben, etwas von uns selbst einzubringen, damit sich etwas Neues entwickelt. Nur so bleibt der Kreis geschlossen. Nur so behält er die Frische seiner Farben und das pulsierende Leuchten.
Nur so bleibt Gemeinde auch Gemeinde. Amen.*

Musikhinweise

Grundsätzlich sollten Sie für die rhythmische Arbeit nur Musik heranziehen, die sie selbst mögen. Daneben gibt es ein paar Grundregeln, die bei der Auswahl zu beachten sind, um Musik und jeweils unterschiedlichen Verwendungszweck aufeinander abzustimmen:

- 👁 Benötigen Sie Musik, welche die Kinder in der Bewegung führt und motiviert, sollte sie dem Kindertempo angepasst sein. Kinder haben ein schnelleres Grundtempo als Erwachsene. Das Metrum muss deutlich hörbar und körpergerecht umsetzbar sein. Der Charakter der Musik spiegelt sich in der Bewegung wieder.
- 👁 Musik, die Tücher, Bänder, Luftballons (also leichte Materialien) im Raum tanzen lässt, beinhaltet spezielle Impulse zur Bewegungsgestaltung. Auch diese Musik braucht ein Metrum, das die Bewegung in den Raum vorantreibt.
- 👁 Hintergrundmusik kann einen Raum der Geborgenheit, der Orientierung zum Handeln schaffen. Sie sollte eine Ergänzung des Handelns bewirken und nicht störend dagegen arbeiten.
- 👁 Musik zum gestalterischen Arbeiten mit Ton und Farben schafft eine emotionale Atmosphäre, die Mut zu Kreativität und Ausdrucksmöglichkeiten zulässt.

Sofern nicht bereits in den einzelnen Kapiteln auf konkrete Musikstücke hingewiesen wurde, seien hier einige Vorschläge für geeignete CDs geben. Die Beispiele kommen aus den unterschiedlichsten Musikrichtungen, von Klassik über Pop, elektronisch erzeugte Musik, Musik fremder und heimischer Volkskulturen. Es empfiehlt sich, möglichst viele gegensätzliche Angebote für die verschiedenen Einsatzbereiche und für unterschiedliche Vorlieben auszuwählen und sich nicht auf einen einseitigen Stil zu beschränken.

Beispiele

Klassik Hits für Kids, ausgewählt von D. Kreusch-Jacob, Kösel und Deutsche Grammophon, 459 875-2: Ein buntes Kaleidoskop geeigneter Musikstücke der Klassik für Kinder, erhältlich in Musikalien- und Buchhandel.

Land of Enchantment, C. H. Deuter, Kuckuck 11081-2: Führt die Bewegung mit Tüchern, Bändern, Luftballons, motiviert zur Entspannung und zu Fantasiereisen.

Adiemus, Main Extd. Version from the forthcoming Album „Songs of Sanctuary", 1995 AKROPOLIS MUSIK & FILM GMBH, 7243 8 82018 2 7: Geeignet zum Malen zu Musik, Spielen mit Tüchern, Federn und anderen leichten Materialien.

Mozart in Egypt, nach einer Idee von Huges de Courson und Ahmed al Maghreby, 1997 Virgin Classics 7243 5 45311 2 5: In Auszügen reizvoll und anregend zum Malen und Tonen zu Musik.

Bach in Brazil, Camerata in Brazil 2000, Produzent Gerald Seligmann, EMI Records 7243 5 56939 2 1: Wie hätte J. S. Bach seine Musik ausgestaltet, hätte er in Brasilien gelebt? Mit landestypischen Rhythmen und Instrumenten gestaltete, ungewohnte, aber lebensfrohe Interpretationen. Auch geeignet für Kinder als Bewegungsimpulse.

O'stravaganza, Fantasy of Vivaldi and the celtic music of Ireland, E-Mail: ostravaganza@aol.com

Klassik, Jazz, Pop, Reggae, Vokalmusik oder Volksmusik: Durchsuchen und „durchhören" Sie ihr eigenes Musikarchiv. Probieren Sie selbst aus, was Sie anderen anbieten, ob Tempo, Charakter, Ziel, Impulse ihren Vorstellungen entsprechen!

Literatur

Adorno, Theodor W., Erziehung zur Mündigkeit, Suhrkamp, Frankfurt 1963

Becker-Textor, Ingeborg, Schwierige Kinder gibt es nicht-oder doch?, Herder, Freiburg i. Br. 1990

Becker-Textor, Ingeborg / Michelfeit, Gretl, Was Kindergeschichten erzählen, Don Bosco, München 2000

Bünner, Gertud / Röthig, Peter, Grundlagen und Methoden rhythmischer Erziehung, Klett, Stuttgart 1971

Feudel, Elfriede, Durchbruch zum Rhythmischen in der Erziehung, Klett, Stuttgart 1949; neubearbeitet 1965

Friedemann, Lilli, Gemeinsame Improvisation auf Instrumenten, Bärenreiter, Kassel 1974

Fröhlich, A. (Hrsg.), Wahrnehmungsstörungen und Wahrnehmungstraining bei Körperbehinderten, Verlag Schindele, 1977

Goleman, Daniel, Emotionale Intelligenz, dtv, München 2001

Goleman, Daniel, Kreativität entdecken, dtv, München 2000

Guggenmoos, Josef, Was denkt die Maus am Donnerstag? Beltz Verlag, Weinheim und Basel 1998

Heller, Eva, Die wahre Geschichte von allen Farben. Für Kinder, die gern malen. Lappan-Verlag, Oldenburg 1999

Herdtweck, Waltraud, Durch Bewegung zur Ruhe kommen, Don Bosco München 1996

Herdtweck, Waltraud, Rhythmik, Don Bosco, München 1994

Hesse, Hermann, Kindheit des Zauberers, Insel, Frankfurt a. M. 1974

Innecken, Barbara, Kinesiologie-Kinder finden ihr Gleichgewicht, Don Bosco, München 2000

Hoffmann-Muischneek, Sabine, Wie tönt Grün?, Verlag des Schweizerischen Vereins für Handarbeit und Schulreform, Liestal 1989

Hoffmann-Muischneek, „Schneeflocken und Kirschblüten". Wahrnehmungsförderung im Kindergarten (Rythmik II), Kindergarten heute 5/94, Herder, Freiburg i. Br.

Klöppel, Renate / Vliex, Sabine, Helfen durch Rhythmik, Herder, Freiburg i. Br. 1992

Kreusch-Jacob, Dorothée, Zauberwelt der Klänge, Kösel, München 2002

Kreusch-Jacob, Dorothée, Musik macht klug, Kösel, München 1999

Kreusch-Jacob, Dorothée, Klangwerkstatt, Don Bosco, München 2002

Lange, Erna Christina, Halt und Kraft durch die liegende Acht. Kinesiologie für Kinder, Kösel, München 1997

Liebertz, Charmaine, Das Schatzbuch ganzheitlichen Lernens, Don Bosco, München 1999

Meyer-Denkmann, Gertrud, Klangexperimente und Gestaltungsversuche im Kindesalter, universal edition, Wien 1970

Müller, Elmar, Das Trommel-Erlebnisbuch. Klanggeschichten und Rhythmusexperimente, Don Bosco, München 2003

Oerter, Rolf, Entwicklungspsychologie, Auer, Donauwörth 1973

Pertler, Cordula M., Kinder erleben große Maler, Don Bosco, München 1998

Pfluger-Jakob, Maria, Wahrnehmungsstörungen bei Kindern. Hinweise und Beobachtungshilfen, in: „kindergarten heute – Herder spezial", Freiburg 2000

Prekop, Irina; Von der Liebe, die Halt gibt, Kösel, München 2000

Ringelnatz, Joachim, Das Gesamtwerk in sieben Bänden, Drögener Verlag, Zürich 1994

Scheiblauer, Mimi, zit. in: Bünner, Gertrud / Röthig, Peter, Grundlagen und Methoden rhythmischer Erziehung, Klett, Stuttgart 1971

Schenk-Danzinger, Lotte, Entwicklungspsychologie, Österreichischer Bundesverlag für Unterricht, Wissenschaft und Kunst, Wien 1973

Schottenloher, Gertraud, Kunst- und Gestaltungstherapie, Kösel, München 1989

Seitz, Marielle, Schreib es in den Sand, Spielerisches Zeichnen zur Förderung von Konzentration, Feinmotorik und Bewegungskoordination, Don Bosco, München 2002

Seitz, Rudolf, Was hast du denn da gemalt?, Wie Kinder zeichnen und was Eltern, Erzieherinnen und Lehrkräfte dafür tun können, Don Bosco, München 1995

Seitz, Rudolf, Kunst in der Kniebeuge, Ästhetische Elementarerziehung. Beispiele – Anregungen – Überlegungen, Don Bosco, München 1997

Seitz, Rudolf, Zeichnen und Malen mit Kindern. Vom Kritzelalter bis zum 8. Lebensjahr, Don Bosco, München 1998

Seitz, Rudolf, Phantasie & Kreativität. Ein Spiel-, Nachdenk- und Anregungsbuch von Rudolf Seitz, Don Bosco, München 2001

Seitz, Rudolf, Ein Leben für die Phantasie, Buchendorfer Verlag, München 2002

Seitz, Rudolf und Marielle, Rot, Gelb, Blau und alle Farben. Grundlagen und Spielideen für die pädagogische Praxis. Don Bosco, München 2002

Selby, John, Die Kunst, allein zu sein, dtv, München 2001

Spilling-Nöker, Christa, Der Himmel ist in dir, Segensworte, Verlag am Eschbach der Schwabenverlag AG, Eschbach/Markgräflerland 2002

Stern, E., Jugendpsychologie, 1923

Dank

Auch ein Buch muss wachsen und reifen. Für diesen Prozess habe ich vielfältige Unterstützung erhalten und bin dafür sehr dankbar. Danken will ich ganz besonders

- Nepomuk, der mich immer neu lehrte, mit Kinderaugen zu sehen, mit Kinderohren zu hören, mit Kinderhänden zu er-fassen und mit Kindergedanken zu be-greifen,
- den Kindern des Kindergartens „Schneckenhaus" in Holzkirchen, die aufgeschlossen, experimentierfreudig und begeistert die „Rhythmikwerkstatt" ausprobiert und mit vielen Impulsen bereichert haben,
- ihrer Erzieherin Renate Frey-Winterer, die intensiv didaktisch und methodisch mitgearbeitet und fotografiert hat und die geduldig und ideenreich ihre Kraft und ihren Kindergarten zur Erprobung und Weiterentwicklung zur Verfügung stellte,
- Matthias Striebeck, der sensibel, kreativ und klar meine Methoden analysiert und sie mit mir in der Jugend- und Erwachsenenarbeit in Seminaren umgesetzt hat sowie den religionspädagogischen Beitrag in diesem Buch lieferte,
- meinem Sohn Alexander, der mir vertrauensvoll seine Digitalkamera zur Verfügung stellte und Tag und Nacht als Computer-Notdienst fungierte,
- meiner Schwester Ingelore und den Freundinnen Inge und Doris, die mich bei Zweifeln und Tiefpunkten geduldig und liebevoll aufgebaut und meinen Weg bestätigt haben,
- allen Fortbildungs- und Seminarteilnehmer/innen mit ihren kreativen Impulsen,
- und den Lektorinnen Gesa Rensmann und Hildegard Kunz, die mich ermutigt und zum Gelingen des Buches beigetragen haben.

Die Welt der Klänge und Rhythmen entdecken

Mit selbst gebauten Instrumenten wie der Brummhummel, dem Klickerkater oder dem Rasselkäfer können die Kinder die Wel der Klänge entdecken und spielerisch entfalten. Ein Praxisbuch mit genauen Skizzen und Farbfotos zum Bauen der Instrumente und mit vielen Ideen zum Spielen und Musizieren.

Dorothée Kreusch-Jakob
Klang-Werkstatt für Kinder
Miteinander Instrumente bauen und Musik machen
156 Seiten, kartoniert
ISBN 3-7698-1226-3

„Eine Fund- und Goldgrube ist diese ‚Klangwerkstatt' ... Ein gelungenes Kompendium, das ungemein Lust macht, auch aus manch müllverdächtigem Material Klangspielzeug zu bauen, mit dem kleine und große Ohren den Klängen auf die Spur kommen." (Kindergarten heute 10/2002)

Trommeln ist eine der grundlegenden aber auch eine der vielseitigsten Möglichkeiten, Kinder in die Welt der Klänge, der Rhythmik und der Musik einzuführen. Elmar Müller zeigt, wie es geht: von den ersten Übungen, bei denen man auf dem eigenen Körper trommelt, über den Bau der Trommeln bis hin zu Vorschlägen für Klanggeschichten.

Elmar Müller
Das Trommelerlebnisbuch für Kinder
Rhythmusexperimente und Klanggeschichten
168 Seiten, kartoniert
ISBN 3-7698-1225-5